श्रीकृतिं

(देखी सुनी बातें)

कृष्णार्पणमस्तु

शवेता सिन्हा

SAMANT
PUBLISHING

ISBN : 9788169244046
Edition : First, April 2026
Title : Shrikriti
Author : Shweta Sinha

Published by

SAMANT PUBLISHING

An Imprint of **Taneesha and Prachi NextGen Publication**

Regd. Address: Plot No. 48, Khasra No. 646, Road No. 2,
Suman Nagar, Haridwar, Uttarakhand – 249402, India
Website : www.samantpublishing.com
E-mail : support@tpnextpub.com
Phone : +91 9760418103

Printed by :
Manipal Technologies Limited, Bengaluru - 560001, Karnataka

अनुक्रमणिका

लेखकीय

ॐ श्रीं ह्रीं सरस्वत्यै नमः ॥

बुद्धि और सम्पन्नता से युक्त माता महासरस्वती को हमारा प्रणाम है। मां हमें सद्बुद्धि प्रदान करें और अपनी शरण में लें।

सर्वप्रथम मां सरस्वती को कोटि कोटि नमन करती हूं जो मुझमें सृजन की शक्ति देती है और उस सृजनशीलता की रक्षा करती है।

गुरु वह व्यक्ति है जो ज्ञान, अनुभव और मार्गदर्शन प्रदान करता है, और जो शिष्य को अज्ञान के अंधकार से ज्ञान के प्रकाश की ओर ले जाता है। इसलिए अपने ज्ञान, अनुभव और मार्गदर्शन के लिए, अपने विकारों के शमन के लिए अपने गुरु को कोटि कोटि नमन।

भारतमाता को कोटि कोटि नमन करती हूं और अपनी मातृभाषा हिंदी को नमन करती हूं।

माता पिता को परमात्मा का साकार स्वरूप कहा जाता है इसलिए अपने जन्म, जीवन, शिक्षा और संस्कारों के माध्यम अपनी पूज्य मां श्रीमती नीलिमा श्रीवास्तव व पूज्य पापा श्री सदन कुमार श्रीवास्तव को शत शत नमन करती हूं। अपने पिता का हार्दिक आभार जिनसे सृजनशीलता मुझे विरासत में मिली है।

अपने सहगामी श्री नीलेशकांत का हार्दिक आभार व्यक्त करती हूं क्यूंकि साहित्य में कोई रुचि न होते हुए भी मेरी लेखनी को अप्रत्यक्ष रूप से उनका सहयोग मिलता रहा है।

अप्रत्यक्ष रूप से सहयोग के लिए मैं अपने पुत्र शिवम आदित्य की भी आभारी हूं। मुझे यह आशा और विश्वास है कि अपनी रचनाओं के माध्यम से मैं परिवार और समाज में

व्याप्त जिन बुराईयों को दूर करने का प्रयास करती हूं, उनसे एक मार्गदर्शक के रूप में उसे भी प्रेरणा मिलती रहेगी।

अपने सखा श्री दिनेश अग्रवाल जी का भी हार्दिक आभार, जिनके साथ, सहयोग और मार्गदर्शन से मुझे बल मिला।

अंतिम, किंतु कम नहीं...

सभी पाठकों को अग्रिम रूप से धन्यवाद करती हूं क्यूंकि एक रचनाकार के रचनाओं की सार्थकता उनके श्रोताओं और पाठकों से ही है।

मैंने अपने जीवन में जो कुछ भी देखा सुना, उन्हीं देखी सुनी बातों को मन से निकालकर कविताओं के माध्यम से कागज़ पर उतारने की कोशिश की है।

स्त्री" मेरी लेखनी का पसंदीदा विषय है।

मैं प्रेम भी लिखती हूं, कभी आशा भी

कभी कुंठा, अवसाद पर, कभी निराशा भी

कागज़ मेरी सहेली है,

जिसपर मैंने अपनी सारी भावनाएं उड़ेली हैं। श्रीकृति कविता संग्रह में भक्ति, अध्यात्म, देशभक्ति, पर्यावरण और साहित्य के बारे में गंभीर कविताएं हैं तो कुछ हास्य व्यंग्य के माध्यम से मन को गुदगुदाने का प्रयास भी किया है।

वसुधैव कुटुंबकम् के सिद्धांत को आत्मसात करते हुए अपने परिवार के कुछ निजी अनुभवों को भी कविताओं के माध्यम से ही साझा किया है।

मेरा उद्देश्य यही है कि मेरे अनुभव से सृजित मेरी कविताएं सामाजिक और पारिवारिक जीवन को बेहतर बनाने की दिशा में प्रेरक बन सकें।

मुझे पूरी आशा है कि पाठकों को मेरी सभी कविताएं बहुत पसंद आएंगी। आप सबसे विनती है कि आप मुझे व्यक्तिगत रूप से अपनी समीक्षा भेजें ताकि मैं हमेशा सुधार के लिए तत्पर रहूं। साथ ही मेरी लेखनी को बल मिले और मुझे प्रोत्साहन।

आभार सहित

श्वेता सिन्हा

शुभकामना संदेश

श्वेता दी

वो करती हैं जगदीश को नित्य श्रद्धा प्रसून अर्पित,
जैसा ललाम उनका अंतर्मन,
वैसी ही बाहर से भी नज़र आती हैं,
सदैव से सत्य के मग की अभिलाषी,
झूठ को झूठ और,
सच को सच बताती हैं,
निर्भयता से उठती है क़लम उनकी,
और भावों की तरंगिणी,
दूर तक बहती जाती है,
आडंबर से कोसों दूर,
वास्तविकता से,
रिद्धिमा संग आलिंगन किए हुए,
वो सदैव जीवन गीत गुनगुनाती हैं!

मिनाक्षी जायसवाल "स्वरा" "मधुरिमा"
पदमा, हजारीबाग (झारखंड)

शुभकामना संदेश

यद्यपि कविता में कल्पनाशीलता अलौकिक जगत से सुंदर साक्षात् कराती है, परंतु जब अनुभवजन्य यथार्थ के लिए शब्दों की बेबाकी कविता गढ़ती है, तब जीवन की कटुता वास्तविकता पर प्रहार करके हमें सोचने पर मजबूर करती हैं। इस दिशा में 'श्वेता सिंहा' जी का नाम उल्लेखनीय है। जिनके शब्दों की बेबाकी समाज के पतित चरित्र पर कई सवाल खड़े करती हैं।

पूजा साहनी

शुभकामना संदेश

साहित्य संवेदनाओं का वह संसार है जहाँ शब्द केवल लिखे नहीं जाते, अपितु महसूस किए जाते हैं। आदरणीया श्वेता सिन्हा जी की लेखनी भी ऐसी ही भावनाओं से भरी हुई है। उनका पूर्व प्रकाशित कहानी संग्रह "अनुभूति" पाठकों के हृदय की गहराईयों से छू चुका है। अब उनका आगामी काव्य संग्रह "श्रीकृति" प्रकाशन की ओर अग्रसर है, जो निश्चित ही भावनाओं, अनुभवों और जीवन के अनकहे एहसासों को सुंदर शब्दों में पिरोएगा।

"श्रीकृति" के लिए आत्मिक शुभकामनाएँ। ईश्वर से प्रार्थना है कि उनकी लेखनी यूँ ही संवेदनाओं को शब्द देती रहे और साहित्य जगत को नई ऊँचाइयाँ प्रदान करती रहे।

रोहित शेखर

"श्रीकृति के लिए हार्दिक शुभेच्छा"

"श्रीकृति" नाम ही अपने आप में सृजन, और श्रेष्ठता का प्रतीक है। यह कृति पाठकों के मन में ज्ञान, संवेदना और प्रेरणा का दीप प्रज्वलित करे तथा साहित्य जगत में अपना विशेष स्थान बनाए यही हमारी हार्दिक कामना है।

"श्रीकृति" के माध्यम से श्वेताजी की प्रतिभा और विचार समाज तक पहुँचें और अनेक लोगों के जीवन में सकारात्मक बदलाव लाए। श्वेता जी की काव्यसंग्रह 'श्रीकृति' हमारे बीच एक सुखद एहसास है जिसमें उन्होंने ऐसे पल संजोए हैं जो किसी व्यक्ति विशेष के लिए नहीं बल्कि प्रत्येक व्यक्ति को विशेष महसूस कराएगी और उन्हें समाज से जोड़ने का प्रयास करेगी।

व्यक्ति साहित्य के माध्यम से अपने भावों को समाज के बीच अपनी अमिट निशानी के रूप में उपहार देता है यह समाज पर निर्भर करता है कि वह किस रूप में उसे स्वीकार करता है।

मुझे खुशी है कि श्वेता जी ने भी अपनी शब्दों की माला के साथ साहित्य जगत में अपनी उपस्थिति का एहसास कराने की "श्रीकृति" के माध्यम से एक कोशिश की है जिसके लिए उन्हें बहुत- बहुत बधाई और शुभकामनाएं!

"श्रीकृति" की सफलता और उज्ज्वल भविष्य के लिए हार्दिक बधाई और मंगलकामनाएँ।

डॉ सुशीला कुमारी

साहित्य मंत्री, साहित्य सृजन मंच

चतरा, झारखंड

9097987482

भक्ति

माँ वीणावादिनी शारदे के चरणों में कोटि कोटि नमन

1.

ऐ कलम!!!
तू बड़ी नादान है।
तुझे तो बड़ा अभिमान है।
सोचती रहती है,
मैंने किया नहीं कभी कत्ल ए आम
फिर क्यों होगी मेरी नींद हराम।
अरी मूर्ख!!
सोचा है कभी,
तेरी तो मौज है,
पर थामा है जिसने तुझे,
उसके विरोधियों की कितनी बड़ी फौज है।
अपने लोग, अपना समाज़
अपनी परंपरा अपना रिवाज़
इनकी विकृतियों को जब किया जाता है नंगा,
तुझे थामकर ही तो लिया जाता है पंगा।
तू इतनी भी निर्दोष नहीं।
तुझे अपने अपराध का भी ज्ञान नहीं।
सत्य बोलनेवालों को
शीघ्र मिलता नहीं सम्मान कहीं।

2.

राधे!!!!!

तू मुझको शक्ति दे, मुझको अपनी भक्ति दे
न जमीं न आसमां
न दुनिया न जहान
न धन दौलत, न मान सम्मान
तेरी भक्ति में डूबी रहूं सुबह शाम
नयन बंद हों तो
मुझे दर्शन हों तेरे
मुख जब भी खुले तो
तेरे नाम की माला फेरे
हाथ जब जोड़ लूं तो
तू मेरे सर पे हाथ फेरे
दिशा कोई भी हो
कोई भी हो स्थान
तेरा ही रूप दिखे
तेरा ही नाम ध्यान
कभी जो मैं भटकूं
राधे, राह दिखाना
चलना किधर है
मुझे रस्ता बताना
थामकर मेरी उंगली
भवसागर पार कराना।

3.

हे राधेश्याम!!!!
मैं तुझे नमन करती हूं।
तेरे चरण वंदन करती हूं।
तुझको मैं चढ़ाऊं भी क्या??
अपना हृदय अर्पण करती हूं।
मेरी बस यही है प्रार्थना!
हर सांस में तेरी हो आराधना!!
तू जाने है मन की बात!
तुझसे क्या है मांगना??
अपने कभी रूठे है भला??
क्या करूं क्षमा याचना??
जब भी करती तेरा ध्यान!
जुड़ जाते हैं मेरे प्राण!!
जो तू दे मुझे वरदान!
तो बस इतना रखना मान!!
जब मैं जोडूं दोनों हाथ!
बस तू ही हो मेरे पास!!

मैंने सुनी है एक कहानी।
एक थी भक्तन दीवानी।
तेरा नाम सुमिरन करती!
कोई पूजा विधि न जानी!!
बीते सालों साल।
एक दिन हुई आकाशवाणी।
बंद कर दे तू सुमिरन।
मैंने तेरी पूजा नहीं मानी।

भक्तन हो गति बावरी।
खुशी से नाचे गली गली।
हैरान हो गए लोग जन!
देखकर उसका पागलपन!!
लोगों ने पूछा था उसे?
क्यों इतनी खुश है, बता हमें??
भक्तन बोली, "मुझे सबकुछ तो मिल गया।"
मैं उसका नाम सुमरती हूं।
उसको ये तो पता चल गया।

4.

जगन्नाथ चका नैन नीलाचल वाले!
तू न संभाले तो हमें कौन संभाले!!

प्रबल इच्छा जगन्नाथ महाप्रभु के दरस की।
प्रभु जी ने इच्छा पूरी की कई बरस की।
टिकट हुआ और मिलने की आस जगने लगी।
दिन ब दिन दर्शन की व्याकुलता बढ़ने लगी।
धाम जाने के लिए बस दो दिन बचे थे।
आँखों में उनसे मिलन के स्वप्न सजे थे।
वो छलिया है, सरलता से कहां मिलता है?
मुझे अपनाया है, तभी तो बार बार छलता है।
ऐसी प्रतिकूलता आई कि संभलना मुश्किल था।
गुरु कृपा से जिसके भरोसे हूँ, उसका भरोसा हर पल था।
परीक्षा न लेगा तो मुझे सबल बनाएगा कैसे??
आग में तपाएगा नहीं तो पक्का घड़ा बनाएगा कैसे??
मिलने का संकल्प दृढ़ था।

फिर मेरा भी एक हठ था।
तुलसी जी की माला बनाऊँगी।
आपके चरणों मे उसे चढ़ाऊंगी।
माला स्वीकार करोगे तो मानूंगी,
आपने मुझे अपनाया है।
अपना जानकर ही,
जीवनभर मुझे आजमाया है।
पुजारी जी को प्रेरणा तो आपने ही की थी।
मेरी बनाई तुलसी की माला मैंने उनके हाथों में दी थी।
पुजारी जी के हाथों तुलसी माला आपके चरणों मे अर्पित कराया।
आपने माला स्वीकार किया, प्रसन्नता से पुजारी जी ने मुझे बताया।
हे नाथ!
अब जहाँ ले चलोगे, वहीं मैं चलूँगी।
जहाँ नाथ रख दोगे, वहीं मैं रहूंगी।

5.

फागुन आया, राधाकृष्ण खेलेंगे खूब होली।
नंदगांव से चले कन्हाई लेके अपनी टोली।
बरसाने से बढ़ी किशोरी होके संग सखी सहेली।

सखियां नाच रही हैं, गा रही है।
बरसाने से नंदगांव तक,
रंग गुलाल उड़ा रही हैं ।
सखियों ने सदा ही श्यामसुंदर को धमकाया है।
कोई भी लीला क्रीड़ा हो, लाडली को ही जिताया है।
नंदगांव का नटखट श्याम उधमी कम नहीं।
बरसाने की किशोरी को छुपकर रंग डालूँगा, खुद से खुद की ठनी।

श्यामसुंदर के सखा भी उधम में कम नहीं हैं।
आज तू नहीं जीता तो समझेंगे, तुझ में दम नहीं है।
कान्हा का उत्साह ऐसे बढ़ाया है,
असल में तो कान्हा को उकसाया है।
आगे आगे किशोरी राधे
पीछे सखी सहेली संग।
सहसा कान्हा निकले कुंज से
उमंग में भरकर किशोरी को दिया रंग।
राधिका गोरी का अंग अंग
श्याम रंग में गया रंग
श्याम के सखा आनंद मगन हैं
खुशी से झूमे धरती गगन है
सखा सारे किशोरी जी की सखियों को चिढ़ा रहे हैं।
श्यामसुंदर की जीत पर सारे बड़े इतरा रहे हैं।
अब तो मुंह फुला कर बैठी श्यामा
"न बोलूंगी तुझसे कान्हा"
श्यामसुंदर किशोरी जी को लगे मनाने
अपने सखाओं की ही गलती बतलाने
आप तो जानो, मैं भोला भाला।
ये मधुमंगल बड़ा बावला।
जाने क्या क्या योजना बनाता है?
मुझ सीधे सादे को फंसाता है।
राधारानी सच जानती हैं,
फिर भी उनके झूठ को सच मानती हैं।
राधारानी उनकी प्यारी बोली पर ऐसे मुस्काई
उनकी मुस्कान पर कटाक्ष नेत्र मदनमोहन को मूर्छा आई।
राधाकृष्ण अपनी लीलाओं से भक्तों को सुख देते हैं।
प्रिया प्रियतम के प्रेम रस में भक्त आनंदित होते हैं।

अध्यात्म

मेरी कुछ कविताएं अध्यात्म पर आधारित है. आज की दुनिया में अध्यात्म उतना ही प्रासंगिक है जितना कि बीमारों के लिए दवा, थके हुए लोगों के लिए आराम और गरीबों के लिए धन.

1.

लालसा न धन न संपत्ति की
कामना न सुख न समृद्धि की
एक आस भगवान का
पूर्ण विश्वास भगवन नाम का
उत्कंठा भगवत दर्शन की
प्रतीक्षा उनसे मिलन की
जिह्वा पर अनवरत भगवत नाम
हर श्वास आनंद ही आनंद
सामर्थ्य नहीं किसी सांसारिक सुख में
कर सके इस भागवतिक आनंद को मंद
पास बैठे हों या हों दूर सुदूर
नाम के जहाज पर बैठाते, बताते
भवसागर पार करने का पंथ
हमारे गुरुदेव भगवान पूज्य श्री प्रेमानंद
प्रेम, भक्ति और समाज सुधार की नई लहर
बदल रहा व्यक्ति, विचार और अपना गांव शहर
पूज्य प्रेमानंद महाराज जी कोई व्यक्ति नहीं, एक आध्यात्मिक क्रांति हैं।
उनके सत्संग से विकारों की हो रही समाप्ति है।
सीताराम जी का नाम हो
या कृष्णजी का गीताज्ञान

गौरीशंकर जी का ध्यान हो
या श्रीराधाजी का तत्वज्ञान
महाराज जी के श्रीमुख से सुनकर उनका गुणगान
हो रही संसार को आत्मा में परमात्मा की पहचान
महाराज जी का एक ही पैगाम
जपते जाओ भगवत नाम
जन्म मरण का चक्र मिटेगा
पा जाओगे बैकुंठ धाम
मानवजन को तन मन में निहित तम का नहीं तनिक भान
मैं ही कर्ता हूं, सबकुछ मेरा है, करते हैं जो ये अभिमान
महाराज जी बता रहे, सर्वस्व हैं त्रिकालदर्शी भगवान
सकल जगत को दे रहे महाराज जी यही यथार्थ ज्ञान
मेरा मुझमें कुछ नहीं जो कुछ है सो तेरा
तेरा तुझको सौंपता क्या लागे है मेरा

बालवृंद हो तो युवा पीढ़ी या हो वृद्ध जन
व्यापारी हो या खिलाड़ी, अभिनेता या जनसाधारण
जो सुनते हैं भक्ति भाव से महाराज जी का प्रवचन
उनके जीवन में हो रहा आमूल परिवर्तन
सर्वथा नवीन व्यक्तित्व का हो रहा सृजन
जब आप एकांतिक वार्तालाप में नेत्र बंद कर विराजते हैं
हम सब आपके दिव्य दर्शन में प्रिया प्रियतम को निहारते हैं।
छात्र, कर्मचारी, अधिकारी, गृहस्थ
नर नारी, अभिनेता, साधक और संत
सबके अनगिनत प्रश्न, भ्रांतिया और उलझनें
आपके बंद नेत्रों से ही लगते हैं सुलझने
कोई अनुभव नहीं है आपको इन भूमिकाओं का

क्षण में समाधान मिलता कैसे सबकी समस्याओं का??
सबकुछ सत्य है, पर आप एक असत्य कहते हो
मानव शरीर धारण कर प्रभु, आप हमें ठगते हो
किसी की न सुनी कभी, वो भी आपकी सुन लेता है
हल्का सा इशारा करते हो, आपकी बताई राह पकड़ लेता है।
जब जब धर्म का ह्रास होता है और अधर्म की वृद्धि होती है।
तब तब मैं स्वयं साकार रूप में प्रकट होता हूं।
श्रीमन नारायण की यह वाणी सिद्ध हो रही है।
महाराज जी के सान्निध्य में दुनिया शुद्ध हो रही है।
महाराज जी के आशीर्वचनों से उनके दर्शनाभिलाषियों की चेतना प्रबुद्ध हो रही है।

2.

Loneliness is sad
Aloneness is blissful.......
एकांत में हूँ
पर अकेली नहीं हूँ
जानती हूँ
अकेलापन क्षोभ का "स्रोत" है
किंतु एकांत आनंद की ज्योत है
प्रकाशित करती है मार्ग
उस अद्भुत अनुभव का
जहाँ होता है
स्वयं का स्वयं से मिलन
स्वयं में आत्मसात हुआ जीवन
कौन है वो मेरे भीतर
जो नहीं चाहता भोग विलास
नहीं देखता भूख और प्यास

दूर है उस से दुःख संताप
उसके शब्दकोश में भी नहीं अन्याय और पाप
कौन है वो मेरे भीतर
जो भीड़ में भी अदृश्य था
भौतिकता ही जिसका भविष्य था
अहमस्मि ही उसका परिपेक्ष्य था
जीवन सत्य और मृत्यु असत्य था

अब एकांत में भी अद्भुत दृश्य हैं
स्वयं को पाना सबसे बड़ा रहस्य है
"मैं" को मिटाकर ही सर्वस्व है
जहाँ समाप्त हो भय का अनुभव
आरंभ है वहीं से जीवन का ठहराव
अब प्रशस्त है पथ पथिक का
अवरोध नहीं कोई सुख क्षणिक सा
एकांत में मिला चरम सुख
क्षण क्षण, बंद मुठ्ठी से,
निकलते रेत से जीवन का!!!!

3.

मैं फलां फलां हूँ
मेरा जन्म फलां दिन को हुआ था
मेरा बचपन, मेरी जवानी, मेरा बुढ़ापा
मैं और मेरा जीवन
मेरा घर, मेरा परिवार
मेरे बच्चे, मेरे रिश्तेदार
मैंने बड़ी सफलता हासिल की

मैंने बहुत कुछ पाया
मैंने बहुत कुछ खोया
मैं चली, गिरी, संभली, उठी
मैं सम्मानित हुई
मैं अपमानित भी हुई
मैंने किसी का सम्मान किया
किसी को अपमानित भी किया
मेरे पास बहुत कुछ है
मेरे पास सबकुछ है
हर अच्छे बुरे वक्त में मैं हूँ
पर सोचती हूँ मैं कभी???
अपनी मृत्यु पर मैं अपने साथ क्यों नहीं हूँ
क्यों कह नहीं सकती मैं किसी से
कि मैं मर चुकी हूँ
क्योंकि मैं कुछ नहीं हूँ!
क्योंकि मैं कहीँ नहीं हूँ!
क्योंकि मैं कोई नहीं हूँ!
क्योंकि मेरे "मैं" का कोई अस्तित्व नहीं है।

4.

क्या मेरी पीड़ा कम हो गई है?
या पीड़ा से क्रीड़ा सुगम हो गई है?
आयु की वृद्धि का प्रभाव है?
या परिपक्वता का आविर्भाव है?
लोगों की बातें अनसुनी होने लगीं है
अपनी कुछ बातें अनकही होने लगी है
किसी का परामर्श सह नहीं पाती

अपने सुझाव भी कह नहीं पाती
समारोह में एकांत जान लेती हूं
एकांत में भी समारोह मान लेती हूं
कुछ लोग खुश हैं
कि मैं अकेली हो गई हूं
टूट जाऊंगी, बिखर जाऊंगी
मैं खुश हूं कि
एकांत में जो साथ है मेरे
उसके साथ से और निखर जाऊंगी
एकांत ही मेरा कृष्ण
मेरा परामर्शदाता
मेरा सारथी
अपनी दिशा तय करने में
मैं बस उसी से हूं प्रार्थी

5.

मेरे जानने वाले याद करते हैं,
मुझे याद दिलाते हैं....
पहले तुम कुछ अलग थी,
अब बदल सी गई हो।
ऐसे बोलती थी, कैसे हंसती थी?
ऐसे नाराज़ होती थी,
कैसे मन का ना होने पर झगड जाती थी?
कितना रोती थी?
पांव तो एक जगह टिकते ही नहीं थे,
कितना उड़ती, घूमती, भटकती थी।
हर बात पर बहस!!!!

यह सही नहीं है, गलत क्यों है?
यह भला नहीं है, बुरा क्यों है?
यह न्याय नहीं है, इतना अन्याय क्यों है?
लोगों में समानता नहीं है, इतनी असमानता क्यों है?
ऐसा नहीं है, वैसा नहीं है
ऐसा होना ही चाहिए, वैसा होना ही चाहिए
हम्मम, परिवर्तन संसार का नियम है।
जीवन के थपेड़ों से बदल गई,
या किसी एआई से बदल दी गई।
सबकुछ अच्छा लगने लगा है,
या कुछ भी बुरा नहीं लगता।
किसी बात पर राय नहीं देती अब
कुछ भी अचानक, अनोखा नहीं लगता।

बोलने से क्या होता है? मौन रहना अच्छा लगने लगा है।
किसी पर क्यों हंसना, किसी के साथ हंसना भला लगने लगा है।
अपने कर्मों के भोग पर दूसरों से शिकायत क्या??
जो मिला, जितना मिला, स्वीकार करने लगी हूं।
मन की गति बहुत तेज़ है, अनंत की यात्रा का विचार करने लगी हूं।
या तो कुछ भी नहीं बदला मुझमें।
जो था, जैसा था, सबकुछ वैसा ही तो है।
बदला है थोड़ा सा मन, थोड़ा दर्पण।
बदली है मन की स्थिति,
बदली है दर्पण में मेरी छवि।
मन को शांति चाहिए, शोर नहीं
दर्पण को प्रेम मीरा चाहिए, कोई और नहीं।

6.

मुलाकात ज़िंदगी से अब हो गई,
बहुत से राज मुझसे वो कह गई,
हुनर जीने का मुझे आ गया
दुःख भी सुख की तरह अब भा गया

जो जीतने को आतुर है
उसे हर कोई हरा गया
जो हारने को तैयार है
उसे कोई नहीं हरा पाया

परमात्मा की धार में जो बहता है
जो है, उसे पूरा स्वीकार करता है
प्रयास से ही सबलोग दुःखी हैं
रुक जाओ तो जीत पक्की है।

7.

जीवन सुख दुख का एक संगम है।
दुख थोड़ा जियादा है,
सुख थोड़ा कम है।
बस यही गुनगुनाते हुए जीवन चल रहा है ।
जीवन की आपा धापी में कुछ बदल रहा है।
दुख के पल भुलाए नहीं भूलते,
सुख मिले कभी जो भूल जाते हैं ।
सुबह जागना नहीं भूलते,
जिसने सांसें दी, उसे भूल जाते हैं ।
भोर की खूबसूरती निहारना नहीं भूलते,

जिसने रोशनी दी, उसे भूल जाते हैं ।
कदम कदम पर सहारा मिल जाता है,
जो साथ दे रहा है, उसे भूल जाते हैं ।
माता पिता मिले, मिले गुरुजन,
संगी साथी मिले, मिले भाई बहन,
रिश्ते नाते मिले, मिले मन से मन।
इसमें भी कुछ कमी है, यह नहीं भूलते,
बहुत ज्यादा मिला है, ये भूल जाते हैं।
दूसरो की थाली में छप्पन भोग हैं,
मेरी थाली में दाल रोटी क्यों?
ये देखना नहीं भूलते,
पर किसी की थाली खाली भी है,
ये देखना भूल जाते हैं।
उंगलियों में अंगूठी, हाथों में कंगन
पैरों में पाजेब नहीं है,
तो भाग्य को कोसना नहीं भूलते।
किसी के हाथ ही नहीं होते,
किसी के पैर नहीं होते, इसके लिए
अपने को सौभाग्यशाली समझना भूल जाते हैं।
ये नहीं है, वो नहीं है, बस कमी ही कमी है ।
ये कभी नहीं भूलते
सर पर अंतहीन आसमान है।
पैर रखने के लिए जमीन है।
सूरज, चांद, दिन रात,
नदी पहाड़, जंगल झाड़ हवा पानी,
कौन है वो दानी....
जिसने इतना कुछ दिया है।

उसका धन्यवाद करना भूल जाते हैं।

8.

मुझे बचपन से गणित बहुत पसंद था।
दो और दो मिलकर चार,
दो में से एक निकले तो एक,
दो गुना दो करो तो चार,
दो विभाजित दो हो तो एक।
पर जब बचपन ने जीवन में छलांग लगाया
तो जीवन का गणित कुछ समझ नहीं आया
जैसा सीखा किताबों से....
वैसा परिणाम हमेशा नहीं आया।
दो और दो मिलकर भी शून्य रहते हैं!!
दो में से एक घटा दो तो,
कई बार शून्य हो जाते हैं!!
दो गुना दो भी शून्य!!
और विभाजन का निष्कर्ष भी शून्य!!
जब से जीवन में गणित देखना शुरू किया,
शून्य कुछ ज्यादा ही हावी रहा।
गणित, अगणित कुछ भी हो,
जीवन का आरंभ शून्य था...
और अंत में भी शून्य ही प्रभावी रहा।

देशभक्ति

1.

न बन सको गर तुम भगत सिंह महान!
न दे सको गर देश पर अपनी जान!
"इतना तो कर लो" तुम ऐ इंसान!
कि जीता रहे अपना हिंदुस्तान!!!

जीना क्या मरना क्या बुजदिलों की तरह!
कह रही है ज़मीं, कह रहा आसमान!!
मांओं ने जो दिए अपने बेटे नौजवान!
कहा, "देश पर लुटा दो जवानी और जान!
करो मत फिकर तुम इस मां की!
मातृभूमि का फर्ज करो तुम अदा!"

तुम गर न बन सको "शहीद ए वतन"
न दे सको गर देश पर अपनी जान
इतना ही कर लो तुम ए इंसान!
कि अपनी भारत मां का हो गुणगान!!
कि जीता रहे अपना हिंदुस्तान!!!

2.

वो मेरे फौजी जी थे, फौजी थोड़े अलग होते हैं।
आप पूछेंगे, तुझे कैसे पता रे चंदा
तु तो झाड़ू बर्तन करती है न
सच तो है, दरोगाजी के घर झाड़ू बर्तन करती थी
वहीं सिनेमा में देखा है कई बार फ़ौजियों को

मेरे गाँव में दंगा हुआ था, बहुत फौजी आये थे।
मेरे फौजी जी आते थे दारोगा जी से मिलने।
लंबे, सजीले, सिनेमा जैसी वर्दी भी।
फौजी जी मुझे बुलाते....
ए चंदा, चाय नहीं पिलायेगी
कपड़े धुलवाकर ला दे चंदा
जूते पॉलिश करवा देगी क्या?
दौड़ जाती मैं एक आवाज़ पर
फौजी भगवान सरीखे होते हैं सुना था मैंने
रक्षा करते हैं सारी बलाओं से, हमारे गाँव की भी तो की।
फौजी जी जा रहे थे।
गाँव के मुखिया, सरपंच, दारोगा जी सब थे।
सबके सामने फौजी जी ने क्या कह दिया......
ए चंदा, शादी करेगी मुझसे?
सब एक दूसरे का मुँह देख रहे थे
पर फौजी जी ने ठान ही लिया था
मुझे जैसे अनाथ को ऐसा नाथ मिल जायेगा
सपने में भी नहीं सोचा था।
आपको सच बता दूँ सपने में तो आने लगे थे फौजी जी
पर सुबह होते ही अपने सपने को ऐसे दफनाती
जैसे किसीका खून कर लाश को दफनाते हैं।
पूरे गाँव के सामने फौजी जी ने आसमान पर
बिठा दिया
चंदा के मांग मे सितारे भरकर चले गए।
कुछ दिन में आने का वचन दिया था
वचन नहीं तोड़ा मेरे फौजी जी ने
गाँव में चहल पहल थी

बहुत लोग आये थे मुझे विदा कराने
गाँव वाले बहुत रो रहे थे, शहर में भी तो बहुत भीड़ थी
कितनी इज्जत दे रहे थे अपनी नई बहू को
ले गए मुझे अपने फौजी जी के पास
फौजी जी तो सो रहे थे
तिरंगे झंडे में लिपटा था उनका शरीर।
मालूम है मुझे,
साल मे दो बार यही झंडा तो फहराते हैं।
सब मेरी तरफ दया से देख रहे थे।
पर मैं रोई नहीं, सिंदूर नहीं पोंछी,
चूड़ियाँ भी नहीं उतारीं,
क्यों रोयूँगी
ज्यादा पढ़ी लिखी नहीं मैं पर इतना मालूम है
सौभाग्य सिंदूर एक दिन का था
पर मेरा सौभाग्य अब जन्म जन्मांतर का है
शहीद की विधवा है अब चंदा
"वतन पर हो जाते हैं जो कुर्बान
दिलों में रह जाते हैं हरदम उनके निशान
मरकर भी "शहीद" कभी मरते नहीं
कयामत तक होते हैं उनके अफसाने बयां
उनके लहू से आबपाशी है ये गुलिस्तां
आंसू बहाकर मत करना उन्हें रुसवां
अपनी शहादत पर उन्हें होगा तभी गुमां
मां भारती का हर सपूत जब होगा देश का पासबां"

3.

मेरे लिए देशभक्ति....
राष्ट्रीय प्रतीकों का सम्मान
स्वयंसेवा, सहयोग एवं राष्ट्र कल्याण में योगदान
प्राकृतिक एवं मानव निर्मित संसाधनों का
जिम्मेदारी से उपयोग।
ताकि भविष्य की पीढ़ियां भी कर सके
संसाधनों का उपभोग।
करें भू संरक्षण, मृदा संरक्षण, जल संरक्षण,
और बचा लें वन, वन्य जीव और पर्यावरण
रोकें शहरीकरण, औद्योगिकरण
शुरू करें वृक्षारोपण, वन प्रबंधन
बहुत जरूरी है देश के लिए ऊर्जा संरक्षण
कम से कम निर्भरता बने ऊर्जा कुशल उपकरण
सौर ऊर्जा, पवन ऊर्जा, जलविद्युत ऊर्जा जैसा नवीनीकरण
उपयोग कम हो व्यक्तिगत वाहन
ऊर्जा की खपत कम करे सार्वजनिक परिवहन
करें कचरा प्रबंधन, कचरे का पुनर्चक्रण
संरक्षित करें प्राकृतिक एवं मानव निर्मित संसाधन

साहित्य

1.

हिंदी दिवस

हिंदी कहे पुकार के
सुनो मेरी चित्कार
कर ना सको सम्मान तो
मत करो तिरस्कार
"माफ करना ऐ मातृभाषा
तुझे तेरे अपने दगा देते हैं
अंग्रेजी बोलूँ तो ज्ञानी
हिंदी बोलूँ तो अनपढ़ कहते हैं"
हाय/हैलो/गुड मॉर्निंग ने हमसे सुप्रभात/ प्रणाम/नमस्कार छीन लिए
कंकड़ पत्थर ग्रहण किये, संस्कार के चावल बीन लिए
वात्सल्य से भरी माँ अब मम्मी बन गई
क्यों हो शिकायत गर ममता की मिठास कम गई
पिता की आँखों से ही कभी पड़ते थे लठ्ठ
अब कहाँ अनुशासन जब वो बन गए डैड
दादी माँ कहती थी नीतिशास्त्र की कहानियाँ
डेली सोप/गॉसीप में मस्त हैं ग्रैनियाँ
दादाजी रामायण और गीता के पाठ पढाना चूक गए
अब ग्रैंडपा पोते पोतियों से मोबाइल चलाना सीख गए
पतिदेव अब हबी कहलाते हैं
देखें, कब वो हॉबी बन जाते हैं
भाई अब ब्रो कहलाता है
फिर न लक्ष्मण, न कोई भरत बन पाता है
बहनें दीदी से सिस हो गई है

नम आँखें फॉर्मल मिस यू में सिमट गई है
दोस्त जब यार से डूड और बेस्टी बन जाते हैं
अंग्रेजी सा ही बड़ा एटीट्यूड दिखाते हैं
"अंग्रेजी ने कर दिया है हिंदी को कुछ बेसहारा
आओ मिलकर हिंदी को महकायें
यही रहे संकल्प हमारा"

2.

आदतें क्या होती हैं??
वही जो हमसे पहली बार तो करवाया जाता है और
फिर उसे अच्छा करने की कोशिश में बार बार दोहराया जाता है।
कुछ आदतें हमारा व्यक्तित्व निखार देती हैं
पर कुछ आदतें बहुत कुछ बिखेर देती हैं।
मेरा एक अनुभव है
लिख रही थी हिंदी में एक कहानी
बतानी थी नायिका की जुबानी
"परहेज" शब्द को याद करते करते दिन गुजर गया।
"Precaution" लिखी और वाक्य तो संवर गया।
पर कहीं न कहीं एक टीस सी हुई...
अंग्रेजी ने इतना आदी बना दिया हमें,
अपने ऊपर बड़ी खीझ सी हुई।
किसी भाषा विशेष से कोई बैर नहीं
पर बोलचाल में भी ऐसी उपेक्षित हुई हिंदी
एक आह के साथ बोल उठी....
मातृभाषा हूं तुम्हारी
समझो मुझे, मैं कोई गैर नहीं।

3.

मालूम है, क्या मोल है मेरी कविताओं का?
मैं दिल हूं तो
मेरे दिल के अरमान है मेरी कविताएं
मेरे उदास आंखों की मुस्कान है मेरी कविताएं
मेरी खामोशियों की जुबान है मेरी कविताएं
मेरी तन्हाइयों की निगहबान हैं मेरी कविताएं
मैं कौन हूं?
क्या हूं?
कैसी हूं?
मेरी पहचान है मेरी कविताएं!!!!
कुछ दिनों पहले
जब मेरा मोबाइल चोरी चला गया
विश्वास करें आप....
कीमती मोबाइल जाने का दुःख रत्तीभर भी न था।
दुःख था तो इस बात का कि मैंने अपनी कविताएं "Save" की थीं,
मोबाइल के "Notes" में!
नहीं मालूम था कुछ ऐसा कि "Google Drive"में भी "save" करना जरूरी है।
सत्य, प्रेम, करुणा को मानने वाली
मैं माफ नहीं कर पाई उसे,
दिल से आह निकली थी उसके लिए,
जो मेरा मोबाइल ले गया था।
हुनर मेरा, कलम मेरी, विचार मेरे
कोई न ले जा पाएगा।
पर वो मेरी कविताएं थी,
मेरे लिए कुछ वैसी ही अनमोल और प्रिय थीं
जैसे मां के लिए कुछ कीमती चीजें

जिन्हें विरासत के तौर पर रखती हैं मां
हम सबसे छुपाकर लॉकर में
और खोंस लेती हैं चाबियां अपने कमर में।

4.

उन सभी कवि/लेखकों को समर्पित जो अपनी रची रचनाओं से वैसे ही जुड़ जाते हैं, जैसे एक माँ अपनी संतान से

अभी वह मेरे मन में है
वैसे ही जैसे गर्भ में शिशु होते हैं
प्रफ्फुलित मन है, पीड़ा के भी कुछ क्षण हैं
बहुत सारे विचार
जैसे एक अजन्मा भार
कभी खुशी से हिलोरें मारता
कभी दुःख से भर जाता
कभी अतीत में खो जाता
कभी भविष्य सताता
फिर वर्तमान में आता
और विचार स्थिर हो जाता
जब विचार स्थिर हो जाते हैं
तो शब्द नहीं मिल पाते हैं
ऐसे में मन की विह्वलता का अंत नहीं है
रात्रि निद्राविहीन, दिवसपर्यंत चित्त शांत नहीं है
कितने विकल पल उस सृजन के
जब विचारों और शब्दों में
समुचित तारतम्य हो
अब आ पहुँचा है खुशी का वह पल
अपनी रचना देखने को आँखे हैं विकल

बार बार देखती हूँ
हज़ार बार देखती हूँ
कहीं कोई त्रुटि तो नहीं
हो भी तो मेरे विचारों का अंश है
गर विचारों में सचाई होगी
रचना में तो आई होगी
मेरी नई रचना का सृजन
खत्म हुआ उसका बालपन
परम्परा से उसकी विदाई हुई
मेरी रचना देश दुनिया घूम आई
अब वह सबकी नज़रों में आई
अपने अपने दृष्टिकोण से लोगों ने
उसकी खूबियाँ और खामियाँ बताई
मैं खुश हूँ उसकी खूबियों पर
दूर करने की कोशिश करूँगी खामियों को

फिर बैठी हूँ विचारों के थपेड़े में
एक पत्रिका भी उलट रही अकेले में
सहसा एक रचना पर मेरी आँखें जम गईं
किसी और के नाम पर उसे देख मैं सहम गई
कितने नाज़ों से मैंने पाला था
क्या कहूँ, कैसे खुद को संभाला था
ओह्ह.... किसने मुझे छला है???
मेरी संतान को छीनकर उसे क्या मिला है???

धर्म

1.

धर्म के कुछ ठेकेदार,
बना रहे धर्म को व्यापार!
आस्था और श्रद्धा ठगी जा रही है,
न जाने, हमारी संस्कृति किस दिशा में जा रही है??
वो तो प्रोफेशनल टूर था!
जाना बहुत दूर था!!
ट्रेनिंग तो बहाना था!
महाकाल बाबा को हृदय में बसाकर लाना था!!
उज्जैन की पावन भूमि को नमन किया,
अपना श्रद्धा सुमन उनको अर्पण किया।
क्या अद्भुत नजारा था!
एक ही प्रांगण में
हर प्रदेश के लोगों का जमावड़ा था।
रातभर लंबी लंबी कतारें
बस हर हर महादेव के जयकारे।
किंतु कुछ तो था जो विचलित करने वाला था!
महादेव के दरबार में भी पैसे का बोलबाला था!!
भगवान के घर भी वी आई पी जाते हैं!
फिर भगवान क्यों भगवान कहलाते हैं?
आम जनता रातभर जागकर महाकाल की एक झलक की आस किए थे
पैसे वाले अपनी समृद्धि के दम पर अपना स्थान महादेव के बिलकुल पास लिए थे।
न कोई कतार, न जागरण, न कोई उद्यम किया
उनके पैसे ने प्रभु के दर्शन का मार्ग सुगम किया।
आधी रात को मंदिर जाने के क्रम में एक अन्य धर्मावलंबी ने हमारे धर्म का उपहास किया

कहने लगा, थोड़े पैसे दे दो पुजारी को
सुबह के दर्शन के लिए रातभर बैठना क्योंकर बर्दाश्त किया?
धर्म के प्रति श्रद्धा है, पर क्रोध नहीं आया
क्योंकि मैं भी जानती हूं... उसने कुछ गलत नही बतलाया
सोच रही थी कि
काश, मेरे पास अपार धन होता
तो पुजारी को इतना धन दे देती
भगवान को अपने घर न्योत लेती
मंदिर जाने का कष्ट क्यों उठाती?
भगवान को ही अपने घर बुलाती!!!!

2.

"कर भला तो हो भला"
युवक एक बड़ा परेशान।
ढूंढ रहा था कोई निदान।
ज्यादा कुछ नही....
एक अच्छी नौकरी,
एक भली पत्नी,
एक छोटा सा घर,
अच्छे से ही जाए बस गुजर बसर।
किसी ने बताया रास्ता
एक पहुंचे हुए संत का दे दिया पता।
युवक संत से मिलने चल पड़ा था।
उसके सिर पर उसके दुखों का घड़ा था।
तीन दिन का सफर था।
युवक वहां पहुंचने को बेसबर था।
पहली रात का विश्राम एक धनी के आश्रयग्रह में था।

विस्मय की बात कि धनी व्यक्ति भी कष्ट में था।
युवक से किया निवेदन,
मेरा भी है एक प्रश्न?
मेरी बेटी बोल नहीं पाती,
कैसे और किस से करूं उसका लगन???
दूसरी रात का विश्राम एक गांव में था।
वह गांव एक जादूगर के प्रभाव में था।
जादू का खेल देखकर युवक खुश हुआ।
क्या अद्भुत कला है, उसे यह महसूस हुआ।
जादूगर से मिलने गया।
किंतु यह क्या??
उसे भी बहुत दुखी पाया।
जादूगर बोला,
"जादू का खेल अब रास नहीं आता
मोक्ष कैसे पाऊं?
यह प्रश्न मुझे बहुत सताता"
आप तो वहां अवश्य जाना
कृपया मेरे इस प्रश्न का उत्तर लाना।
लक्ष्य अब ज्यादा दूर नहीं था।
पर नदी को पार करने का सहूर नहीं था।
एक बड़े से कछुए से मदद मांगी।
कछुए की पीठ पर बैठ नदी लांघी।
कछुए को भी कुछ पाना था।
अब उसे कछुए से ड्रैगन बन जाना था।
आखिरकार युवक आचार्यचरण में था
चारों प्रश्न उसके मन में था।
उस पहुंचे हुए संत ने अपनी आंखें खोली

तीन ही प्रश्न पूछ सकता है, वो बोले
युवक दुविधा में पड़ गया।
अपने कष्ट का निदान??
या उन तीनों की समस्या का समाधान??
उसकी मानवता जागी....
"किसी की मुस्कुराहटों पे हो निसार
किसी का दर्द मिल सके तो ले उधार
किसी के वास्ते हो तेरे दिल में प्यार
जीना इसी का नाम है।"
युवक बोल पड़ा,
"मैं फिर कभी आ जाऊंगा
पर इस बार तो उन तीनो के प्रश्न का उत्तर पाऊंगा।"
संत ने कहा,
"धनी की बेटी बोल पाएगी
जब किसी भले इंसान से ब्याही जायेगी।"
"जादूगर मोक्ष पाएगा
जब अपनी जादू की छड़ी किसी भले इंसान को दे जायेगा।"
"कछुए भी ड्रैगन बन पाएगा
जब वो अपना कवच उतार जायेगा।"
युवक वहां से निकला
सबसे पहले कछुए से मिला
कछुए ने कहा,
मैं कवच उतार फेकूंगा।
कवच के हीरे मोती और जवाहरात तुम्हें ही दूंगा। "
कछुआ अब ड्रैगन बन गया।
युवक को करोड़ों का धन मिल गया।
जादूगर ने कहा, "तुमसे भला इंसान कौन है??"

जिसके लिए दूसरों के प्रश्न के समक्ष
अपनी समस्या गौण है।
मैं तो मुक्ति की राह जाता हूं
तुझे ही छड़ी का उत्तराधिकारी बनाता हूं। ”
अब धनी व्यक्ति की बारी थी।
प्रतीक्षा की एक एक घड़ी भारी थी।
धनी समाधान सुनकर मुस्कुराया।
“आपसे भला इंसान मैंने कहीं नहीं पाया।
अब आप ही उपकार करें।
मेरी कन्या को स्वीकार करें। ”
जब हम किसी का भला करते हैं
तो हमारा लाभ स्वयं हो जाता है।
देखता है सब वो, जो कर्ता है
फिर हम पर अपनी कृपा बरसाता है।

प्रेरक (मोटिवेशन)

1.

नींद में थी
बहुत गहरी नींद में
अचानक नींद खुली
तो खुद को पाया
एक घने जंगल में
कोई नहीं था
सिवाय मेरे
उस भयावह पल में
आकाश को छूते पेड़
पेड़ से लिपटी लताएं
अपने अस्तित्व की रक्षा में
लगा रही थी जान
मैं भी हैरान थी
परेशान थी
दिशा ज्ञान से अनजान थी
पत्तों से छनकर आती
जरा जरा सी रोशनी
बुझते मन को दे रही थी
जिंदगी........

2.

"कोहरा और जीवन"
जीवन में जब छाए घना अंधेरा
दूर दूर तक नजर न आए सवेरा

याद आता है वो कोहरा घनेरा
कोहरे से जीवन का संबंध कितना है गहरा
पहर, दिवस... कबतक इतराएगा
अनवरत कोशिशों से भी क्या
सूरज को छल पाएगा??
ऐ कोहरे!
मानव जीवन की आस दीप नहीं,
जो तुम्हारी धुंध की फूंक से बुझ जाए!
सृष्टि दे रही हर क्षण इशारा....
हर काली रात के बाद...
सवेरे को आने से कौन रोक पाए?
हमेशा अंत होता नहीं बुरा,
आरंभ हो सकता है अंत से
एक नया अध्याय सुनहरा। ।

3.

"चरित्रहीन"

मैं चरित्रहीन हूँ.......
जी हाँ, बिलकुल सही सुना,
मैं चरित्रहीन हूँ.
लोभ, लालच, छल, कपट, ईर्ष्या, द्वेष
सब मेरे अंदर चलता है.
चारित्रिक दुर्बलता मनुष्यगत विशेषता है,
हम सब मनुष्य हैं, भगवान नहीं.
ये तो सबको पता है.
चरित्र हनन हो रहा है,
यह जान लेना ही मनुष्यता है.

मेरा चरित्र अवसरवादी नहीं,
अवसर मिलने पर मेरी ईमानदारी चूकती नहीं.
सच्ची हूँ, साबित करने के लिए झूठ बोल लेती हूँ,
किंतु गीता की झूठी क़सम खाकर अपनी आत्मा को लूटती नहीं.
चरित्रहीन मनुष्य बहुत खुश होता है.
क्योंकि वह नहीं छुपाता स्वयं से कुछ
बुराईयों से आकर्षित होती है लोलुप निगाहें,
नहीं चाहता, लोग उसे "राम "कहें.
अट्टाहास लगाता है "रावण" बनकर
झूठे चरित्र के पीछे छिपे अपने ही रूप पर

मेरे दृष्टिकोण से, सच्चरित्र वही है,
जिसे अवसर ही नहीं मिला,
अपने चरित्र के आकलन का.
बुराई पर अच्छाई की जीत होगी,
इस आत्मपरीक्षण का.
सौंदर्य देखकर प्रेम हो जाए, क्या आश्चर्य है?
अकारण किसी से प्रभावित हो जाए, विस्मय है?
मुखर होकर मान लो तो चरित्रपतन का पूरा भय है.
चरित्र की मेरी परिभाषा ऐसे नहीं चलती.
मैं स्वयं को परदे की ओट से नहीं छलती.
मेरी चरित्रहीनता मृत्युपर्यंत ही है
क्योंकि यह मेरी अपनी समीक्षा है
मृत्यु के बाद मेरी जो चारित्रिक विशेषताएँ सुनाई जाएंगी
उसे ढूँढने के लिए मेरी आत्मा बहुत दूर तक भटक जाएगी...

4.

साहित्य में समाज के हर पहलुओं का साहित्यकारों ने संजीदगी से वर्णन किया है। गरीबी समाज के लिए एक बड़ा अभिशाप है। अक्सर ठंड में गरीबों की मौत की खबर आती है। तब अखबार में सुर्खियां बनती हैं कि ठंड से फलां जगह इतने लोगों की मौत हो गई। ये मौतें ठंड से तो होती है, लेकिन इनके पीछे आदमी की गरीबी भी जिम्मेवार होती है। इसी त्रासदी को वर्णित करती है मेरी कविता....

"क्या गरीबों को ठंड नहीं लगती??"

घर से निकली मैं
वूलेन सूट, स्वेटर, शॉल, मफलर
सब तो लगा रखा है
फिर भी ठंडी हवा का झोंका बाज नहीं आ रहा है।
कंपकंपाते हाथ पैरों की फुर्ती छीनकर
ये ठंड बहुत सता रहा है।
कभी सर्दी को, कभी स्वयं को
कभी अपने काम को कोसती चल रही हूं।
कितनी निष्ठुर है नियति मेरे प्रति
जो मैं कड़ाके की ठंड में घर से निकल रही हूं।
अचानक मेरे विचारों का बवंडर थम गया।
बूढ़ी माई को देखकर दिल सहम गया।
कैसी बेबसी, कैसी लाचारी, कैसी मजबूरी है?
इतनी ठंड में भी सब्जी बेचना कितना जरूरी है??
शायद भूख, ठंड से ज्यादा सताए है।
तभी तो बूढ़ी माई ग्राहक की आस में
कंपकंपाती ठंड में नजरें जमाए है।
एक फटी पुरानी सूती साड़ी में ठंड से लड़ती
क्या उसकी नसों में खून नहीं जमती?
क्या गरीबों को ठंड नहीं लगती?

आर्थिक असमानता का ये घोर अन्याय है,
कितना भेदभाव है??
हम इतने गर्म कपड़ों में भी ठंड को कोस रहे हैं।
और बूढ़ी माई गर्म कपड़ों के अभाव में ठंड को गले लगाए है।
माई के बगल में उसका आठ साल का पोता है।
एक फटी चादर से शरीर को लपेटा है।
क्या वो स्वेटर के लिए कभी जिद नहीं करता होगा??
क्या कभी जूते मोजे के लिए भी नहीं बोलता होगा?
क्या उसकी काया ठंड से नहीं ठिठुरती?
क्या गरीबों को ठंड नहीं लगती??
समर्थ हर साल नए फैशन के ऊनी कपड़े लेते हैं।
गरीब एक कंबल के अभाव में भी मरते हैं।
क्या हम इतना कर सकते हैं?
अपने लिए चार ना खरीदकर तीन ही ले सकते हैं।
अपने अंदर इतनी इंसानियत बची रहे,
कि इंसानियत को कभी ठंड न लगे।
हमारे सामने कोई गरीब ठंड से न मरे।

5.

पापी पेट का सवाल है....
अब यह बात सत्य नहीं जान पड़ती
इस बात का मुझे बड़ा मलाल है
बचपन से संसारी जीवन का एक लक्ष्य जाना
छत, कपड़े और खाना
लक्ष्य तो रोटी, कपड़ा और मकान है
किंतु आज की प्राथमिकता का मुझे भी ज्ञान है।
सालों तक अध्ययन कर नौकरी या व्यापार पर जाते हैं।

आलीशान घर, बड़ी गाड़ियां, ब्रांडेड कपड़े
अनगिनत महंगे सामान जुटाते हैं।
परन्तु भोजन भी सात्विक, प्रसाद योग्य होना चाहिए
इस बात की अवहेलना कर जाते हैं।
पेट बेचारा बेवजह बदनाम है
उसे तो बस दो रोटी से काम है।
लेकिन उस भूख से पेट का क्या वास्ता
जिसमें जिह्वा लोलुपता, व्यसन, व्याभिचार के सामान हैं
उस भूख से पेट का क्या वास्ता
जिसमें आलीशान मकान, बड़ी गाड़ियां,
शानो शौकत, ऐशो आराम और मान सम्मान हैं।

6.

जीवन के किसी भी मोड़ पर
उम्र के किसी भी पड़ाव पर
मुझे हक है ये कहने का...
कि मेरी कहानी यूं ही तो खत्म नहीं होगी।
कहानी मेरी है
तो निर्णय भी मेरा होगा
दिशा भी मैं ही तय करूंगी
ऐसा नहीं है कि किसी की नहीं सुनूंगी
पर उतना ही सुनूंगी
जितना सुनना है
उतना ही समझूंगी
जितना समझना है
गलती सलाह देनेवाले की भी नहीं होती
उन्होंने कहां जी है हमारी जिंदगी??

उनकी सलाह भी उनके अनुभव से प्रेरित होगी!!
कब होगा, क्या होगा, कैसे होगा?
यह शायद तय न कर पाऊं!
पर जब होगा, जो भी होगा, जैसे होगा!
इतना यकीन है मुझे कि
मेरी सामर्थ्य शक्ति से कम न होगा।
इसके लिए मुझे खुद को जानना है;
खुद से मिलना है;
खुद को जानने से लेकर,
खुद से मिलने तक के सफर की जरूरी शर्त है
खुद को कुछ समय देना।
खुद को बदलना संभव है
तब नहीं जब लोग कहें कि...
अब भी वक्त है।
तब जब मुझे लगे कि
अब वक्त आ गया है।।

स्त्री विशेषः

1.

मैं स्त्री हूँ।
ये बात उस समय तो मालूम न थी
जब मैंने जन्म लिया
मानव रूप में जन्म लिया
किसी की औलाद थी,
पर स्त्री न थी।
जन्म तो वैसे ही लिया
जैसे पुरुष लेते हैं।
वैसे ही बड़ी हुई
जैसे पुरुष होते हैं।
सबकुछ वैसा ही तो महसूस होता था
जैसा पुरुषों को होता हैं।
पर जब होश संभाला
लोगों से पता चला
मैं कुछ अलग हूँ
मुझे सोच समझकर चलना है
बोलना है, करना है
हँसना है, रोना है।
सच ये भी है कि
करने को कुछ खास नहीं थे
पर न करने को बहुत काम थे।
जो स्त्रियों को नहीं करना चाहिए.......
चलिए....
स्त्रियों की इस तथाकथित अवधारणा को

मैं मान लेती हूँ
पर पहले पुरुषों से कुछ बात कहती हूँ
मैं अपना घर पूरी तरह छोड़ देती हूँ
तुम भी अपना घर थोड़ा सा बाँट लो
मैं अपना हक भी छोड़ देती हूँ
तुम अपना फ़र्ज़ ही निभा लो
मैं तुम्हारे हर अच्छे बुरे को अपने साथ जोड़ लेती हूँ
तुम भी मेरे अच्छे बुरे में थोड़ा सा साथ दो।
मैं तो कायदे कानून पर चल लूँगी
तुम भी उसपर थोड़ा अमल करो।
मैं अपनी शर्म का पर्दा न गिरने दूँगी
तुम भी तो आँखों पर शर्म का पर्दा डाल लो।
शरीर मेरा, गर्भ मेरा
सहने की शक्ति और सामर्थ्य मेरा
क्यों नहीं छीन लेते तुम यह दर्द सारा
जब योगदान कम नहीं मेरा
क्यों तुम्हारे हिस्से योग ही योग
और मेरे हिस्से दान ही दान
जो हुआ सो हुआ
जो किया सो किया
अब नहीं बन सकती इतनी महान
मुझे भी चाहिए अपनी अलग पहचान

2.

स्त्री सबको अच्छी लगती है
जब सूरज के साथ शुरू हो उसकी सुबह
जीवनभर सूरज के साथ उठनेवाली स्त्री

चूक जाए कभी किसी वजह से
तो उसकी चूक कसौटी बनती है, उसकी सुघड़ता की
स्त्री सबको सुंदर लगती है
जब मौन उसका साजो श्रृंगार होता है
हमेशा मौन धारण करनेवाली स्त्री
त्याग दे कभी अपना श्रृंगार
तो उसकी धृष्टता निर्धारण करता है, उसके सौंदर्य का
स्त्री सबको संस्कारी लगती है
जब जीवन का पल पल वार देती है परिवार पर
पर कुछ पल अपने जीवन का जी ले अपने लिए
तो उसका यह दुस्साहस निष्कर्ष बनता है, उसके संस्कार का
स्त्री सबको देवी लगती है
जब अपने पति से पहले मृत्यु को वर ले
मृत्यु सबको आती है, पहले या बाद में
लेकिन पत्नी के पहले पति चला जाए
तो उसका जीवन इतिहास रचता है, उसके अभागिन होने का

3.

अपनी विधवा सास को मैंने रंगों से बहुत परहेज करते देखा है। घर में उनसे बड़ा बुजुर्ग कोई नहीं जो इस बात के लिए उन्हें कोई उलाहना दे पर हमारे समाज के कुरीतियों की पैठ इतनी गहरी है कि ससुरजी के निधन के बाद उन्होंने स्वयं ही सबकुछ त्याग दिया.... नोसपिन, इयररिंग्स, गले का चेन, अंगूठी।

सिंदूर, बिंदी, चूड़ी और बिछिया तो सख्त रूप से वर्जित है ही। नए कपड़े तक नहीं पहनती। उनका यह भी कहना है कि वो स्वेच्छा से ऐसा करती हैं, उन्हें इस बात का अफसोस नहीं है कि उन्हें यह सब त्यागना पड़ा।

समाज के परंपरा के प्रतिकूल मेरे मन में कुछ ऐसी भावनाएं उठीं जो सबको स्वीकार्य नहीं हो सकती, फिर भी मैंने उसे अपने शब्दों में पिरोने का दुस्साहस किया है। मेरी भावनाएं

पूर्णतया मेरे व्यक्तिगत विचार पर आधारित हैं। किसी की भावना को आहत करना मेरा उद्देश्य बिलकुल नहीं है।

कई बार प्यार एकतरफा होता है,
ये तो सबने सुना है!
मेरे विचार से,
अधिकतर विवाह भी एकतरफा ही होता है!
विवाह में होते है दो लोग
एक स्त्री और एक पुरुष
समानता के अधिकार के दावेदार
स्त्री और पुरुष
विवाह संपन्न हुआ।
विवाहोपरांत पुरोहित का चिर परिचित वक्तव्य
"आज से आपदोनों विवाह बंधन में बंध गए।"
आपदोनों???????
जब दोनों बंधे तो ऐसी असमानता क्यों?
स्त्रियों के लिए इतने सुहाग चिह्न
सिंदूर, चूड़ी, बिंदी, बिछुए, मंगलसूत्र....
पुरुषों के लिए एक भी नहीं, आखिर क्यों?
औरतों को
मंगलसूत्र से "बांध दिया"....
हाथों में चूड़ियों की "हथकड़ियां"...
पैरों में पायल की "बेड़ियां"...
मांग में सिंदूर की "लक्ष्मणरेखा"...
ऐसा कोई सुहगचिह्न पुरुषों में
मैंने आजतक नहीं देखा??
यदि दुर्भाग्य ने वर को पहले वर लिया,

सौभाग्यवती का सुहाग हर लिया,
खोल दिए जाते हैं मंगलसूत्र
तोड़ दी जाती हैं चूड़ियां
पोंछ दिया जाता है मांग का सिंदूर
छीन लिए जाते हैं सारे साज श्रृंगार
वर्जित होते हैं कुछ विशेष आहार
शुभ कार्यों में शामिल होने से रोक दी जाती हैं।
उत्सव त्योहार की खुशियों में भी शोक भूल नहीं पाती हैं।
मृतक को अपने कफन का रंग नहीं दिखता।
उसकी विधवा को जीवन का कोई रंग नहीं मिलता।
पुरुषों के नाम के आगे चिरंजीवी!
स्त्रियों के नाम के आगे सौभाग्यवती!
क्या हैं इसके मायने?
ये तो बस राम ही जाने।
चिरंजीवी पुरुष जब अपनी पत्नी को खो देते हैं,
अपने अधूरेपन पर अवश्य रो देते हैं,
किंतु उन पुरुषों से समाज क्या छीन पाता है,
कोई ऐसा चिह्न?
कोई ऐसा प्रतीक?
जो उन्हें विधुर सिद्ध कर दे!!!
ना आहार, न व्यवहार,
छीने नहीं जाते कोई उत्सव त्योहार।
कोई तो बताए....
कैसे औरत के इस जख्म को मरहम कर दें?
कुछ तो समझाए...
जो एकतरफा विवाह के भ्रम को कम कर दे।

4. "पूर्णाहुति"

"नवजात शिशु"....
रूई के गोले सी
उजली, कोमल नवजात बेटी
मानो पानी की एक बूंद से
सिकुड़ जायेगी, सहम जायेगी।

"छह महीने में बेटी"....
पालने में किलकारियां भरती,
जब अपने फूल जैसे हाथ पांव मारती है,
तो मां और दादी नानी हर दिन उसकी नजर उतारती हैं।

"एक साल में"......
अपने डग मग पैरों से बेटी
सारे घर में डोलती है।
ले ले कर बलइयां उसकी
मां ऊपरवाले को शुक्रिया बोलती है।

बाल सुलभ शैतानियां बढ़ती जाती हैं।
दादा, नाना, पापा, चाचा सबको बेटी हर्षाती है।
अब "तीन साल" की बेटी
सब पर हुकुम चलाती है।
स्कूल बैग, कॉपी, बुक, पेंसिल, शार्पनर
इरेसर, टिफिन बॉक्स, वाटर बोटल
मां के किराने की लिस्ट से पहले
"पांच साल" की बेटी अपने पापा को
अपनी लिस्ट थमाती है।

स्कूल जाने से पहले पूरे घर को नाच नचाती है।
फिर पापा की उंगली थामकर स्कूल निकल जाती है।

साल दर साल बीत चले।
उंगली पकड़कर चलती थी जो
अब पापा के कांधे तक आती है।
पापा की बाइक पर हाई स्कूल जाती है।

आज घर में उत्सव का माहौल है।
पंद्रह साल की बेटी दसवीं पास कर चुकी है।
अपनी स्कूटी चलाकर कॉलेज जाने लगी है।

नाना, दादा, पापा, चाचा की हिदायतें
नानी, दादी, मां, बुआ की नसीहतें
सत्रह साल की बेटी अब सबकी चिंता बढ़ाने लगी है।

वर्तमान समय में माता पिता की सबसे बड़ी समस्या?
बेटी पढ़ लिख जाए।
उनके परिवार के मान सम्मान पर कोई आंच न आए।
बेटी को अच्छा पद और प्रतिष्ठा दोनों मिला है।
पर माता पिता को इस से कहां राहत मिला है?
पद प्रतिष्ठा मिल भी जाए
तो पुत्री पालन का यज्ञ अधूरा ही है।
पुत्री को अच्छा घर वर मिल जाए,
तभी तो पूर्णाहुति हो पाए।
विवाह पश्चात खुश है बेटी
तो माता पिता उसकी नियति से अभिभूत हैं।

खुशियां न मिल पाए अगर
उनके यज्ञ में ही कोई खोट है।

5.
"बेटियों की भाषा"

आ बैठी है एक चिड़िया,
छत की मुंडेर पर,
कोई तकलीफ है,
या कि खुश है किसी बात पर।
कुछ देर खूब चहचहाती है,
फिर रुकती है,
फिर चहचहाती है।
क्या पता, क्या कहना चाहती है?
तभी आंगन में बैठी दादी चिल्लाती है...
कोई उड़ाओ इसे, कितना शोर मचाती है।
ठीक उसी समय किसी बात पर,
छोटी गुड़िया रो रोकर,
सारा घर सर पर उठाती है।
फिर दादी चिल्लाती है...
कोई दूर करो इस लड़की को,
कितना शोर मचाती है।
चिड़ियों की भाषा...
और बेटियों की भाषा में
यही समानता है!!
कितना भी शोर करे?
किसी को समझ में नहीं आती है!!

6.

स्त्री गांव की हो या शहर की
अनपढ़ हो या पढ़ी लिखी
नौकरीपेशा हो या गृहिणी
हर स्त्री परंपराओं की सूली चढ़ती है
हर दिन उसके अरमानों की होली जलती है
जब कभी उसकी शक्ति जागती है
एक ममता की मूरत सूली को ताकती है
"सिर में मान मर्यादा की कील
हृदय में संतानमोह की कील
हाथों में जिम्मेदारियों की कील
पैरों में सामाजिक बंधन की कील"
अब उसकी शक्ति
स्त्री के अस्तित्व को कहां आँकती है?
प्रेम, त्याग, समर्पण की प्रशंसा से आत्ममुग्धा
स्त्री अपनी अंतर्दृष्टि को भी कहां मानती है?
अब ये सूली, ये कीलें उसे पीड़ा नहीं देते,
अब स्त्री खुद ही, खुद को
खुशी से इस सूली पर टांगती है।
जो उतर पाती हैं इस सूली से,
उनका मुझे पता नहीं...
जो चढ़ जाती है....
दुनिया समाज उसे ही
एक आदर्श बेटी, आदर्श बहू
अच्छी पत्नी, अच्छी मां मानती है.

7.

अर्जुन पुत्र अभिमन्यु ने गर्भ में रहते हुए ही चक्रव्यूह भेदने की शिक्षा ले ली थी, लेकिन बाहर निकलने का पाठ सुनने से पहले मां सुभद्रा को नींद आ गई। पाठ अधूरा रह गया।

अब रिसर्च में भी यह सच पाया गया है कि गर्भ में पल रहे बच्चे को सुसंस्कार दिए जा सकते हैं। मैंने इस कविता में गर्भस्थ शिशु की मनोव्यथा लिखने का प्रयास किया है।

"मैं भी सुन लेती हूं।"

कल तीन महीने पूरे हो गए।
खुश हूं मैं,
अपना अंश जनूंगी,
मैं फिर एक बार मां बनूंगी।
भोर का समय है,
आँखें खुली और हाथ जोड़े....
"सब कुशल मंगल रहे प्रभु
हमेशा तेरा साथ मिले। "

ऊपरवाले को याद किया।
हर दिन की तरह फरियाद किया।
तभी अचानक...........
किसी शिशु ने मुझे आवाज लगाई
"मां ओ मां!!!!!"
मैं थोड़ी डरी, घबड़ाई।
फिर मां सुनकर हर्षायी।
अरे, तीन साल की मेरी नन्हीं परी सो रही है,
तो फिर किसने मुझे आवाज लगाई।
मेरा हाथ मेरे गर्भ पर गया
मेरे स्पर्श से शिशु थोड़ा चला

"मैं हूं मां, तेरी दूसरी परी,
पर मैं तेरी दुनिया में नहीं आना चाहती।"
अपार दर्द की आवाज थी।
मां से बेटी की ये कैसी फरियाद थी???
मैं जानती हूं, तू खुश है।
तू मां बन कर ही खुश है
तुझे क्या परवाह...
तू बेटे की मां है या बेटी की
मां तो मां है।
कोई तेरी मनोस्थिति समझे, न समझे,
मैं तेरी पीड़ा समझती हूं।
जो तेरा ही अंश है,
तेरा हर दर्द उसे भी देता दंश है।
तू हर दिन जो सुन रही है,
मैं भी सुन लेती हूं......
जब हर दिन दादाजी तुझे उम्मीद से देखते हैं
दादी आशीष से तेरी झोली भर देती है और कहती है...
"सुंदर सा पोता दे मेरी गोद में, तो गंगा नहा लूं।"
मैं भी सुन लेती हूं....
जो तू पापा से कहती है
"क्यों परेशान हो?"
पापा कहते हैं,"एक बेटी तो है
बेटा हो जाए इस बार तो
"वंश का नाम हो"
मैं भी सुन लेती हूं......
घर में आने जाने वालों की राय
"बेटा है या बेटी"

अल्ट्रासाउंड कराकर देख लो
ये है अच्छा उपाय।
(कानूनन अपराध है, पर चोरी छिपे होता ही है)
मैं जानती हूं
तू खुश है, तू मां बनकर खुश है।
पर समझ रही हूं
सब "बेटी की मां" से नाखुश हैं।
तू सबकी सुनती है, कुछ बोलती क्यों नहीं?
रोती रहती है, मुंह खोलती क्यों नही?
आज मुझे एक वचन दे।
अपने लिए भी जिएगी, ये कसम ले।
गर्भ तेरा, दर्द तेरा, सहने का सामर्थ्य भी तेरा।
कोई और क्यों लेता है निर्णय तेरा?
बेटियां किसी से कम नहीं, ये तुझे कहना होगा।
तुझे अपने फैसले पर अडिग रहना होगा।
"यदि तू कमज़ोर पड़ेगी, तो मैं नहीं आऊंगी
सच कहती हूं मां, भगवान के घर वापस जाऊंगी।"
तू सशक्त होगी, तभी तो मुझे भी मजबूत बनाएगी,
सही और गलत में भेद समझाएगी,
अन्याय से लड़ना सिखलाएगी,
अपने अस्तित्व को बचाकर रख पाएगी।

8.

यकीन नहीं होता
सच में यकीन नहीं होता
जीवन के चालीस वसंत देख चुकी हूँ
लेकिन न चेहरा यह बतलाता है

न ही दिल समझाता है
चेहरे की गवाही लोगों ने दी
दिल का हाल खुद ही जानती हूँ
कोई बताएगा मुझे
चालीस के होने की कसौटी क्या है?
चेहरे पर गंभीरता
नपे तुले संवाद
बीस वसंत वालों से विवाद
नहीं होता यह अभिनय मुझसे
बचपन की मासूमियत
जवानी का अल्हड़पन
अब भी दामन थामे खड़ा है
कह दूँ उनसे
विदा ले मुझसे
पर कैसे?
मन का बालक अब भी
छोटी छोटी ख्वाहिशों के लिए मचलता है
प्यार भरे गीतों की प्यास अब भी है
सावन के बूंदों से जलने की आस अब भी है
फ़िर कैसे कह दूँ
जवानी का दामन छूट रहा है
चालीस की कसौटी पर
खरा उतरने की कोशिश में
अंदर ही अंदर शायद कुछ....
नहीं....
बहुत कुछ टूट रहा है।

9.

मेरी कविता भारत की महान नारियों के त्याग, समर्पण और सहनशीलता से अवाक नारी के मनोभाव हैं, जो बहुत ही सम्मान के साथ ऐसी सहिष्णुता को आत्मसात करने में असमर्थता व्यक्त करती है. कदापि मेरी लेखनी से कोई धृष्टता हुई हो तो क्षमाप्रार्थी हूँ, आशा है, रचना आपके अंतर्मन तक पहुंचेगी।

प्रकृति न हो तो पुरुष का होना असंभव है,
"इ" कार की शक्ति न हो तो" शिव" भी "शव" है,
इस अकाट्य सत्य से परिचित हर मानव है,
फिर क्यों नारी इतिहास का इतना कटु अनुभव है.

हे सीते! तेरी महानता को नमन।
क्षमा माते! कर नहीं सकती तुम्हारा अनुगमन।
महल का सुख त्यागकर पति के संग वनवास लिया।
फिर क्यों राम ने तुम्हारा परित्याग किया?
महान बनकर तुमने क्या किया?
पति ने ही फिर वनवास दिया।
तुम पूज्य हो, धन्य हो।
किंतु मेरे लिए नहीं मान्य हो।
क्यों सतीत्व के लिए मेरी अग्निपरीक्षा हो?
एकाकी भली, यदि मेरे अस्तित्व की उपेक्षा हो।
हे उर्मिला! तेरी महानता को नमन।
क्षमा देवी! कर नहीं सकती तुम्हारा अनुगमन।
तुमने तो अखंड पतिव्रत का पालन किया।
महल में भी वन से कठिन जीवन जिया।
महान बनकर तुम्हारा क्या रहा?
चौदह वर्षों तक पति वियोग सहा।

तुम पूज्य हो, धन्य हो।
किंतु मेरे लिए नहीं मान्य हो।
क्यों हृदयविदारक क्षणों में भी नयन अश्रु से वंचित हों?
साधारण नारी भली, यदि मेरा त्याग उपेक्षित, अवर्णित हो।

हे अहिल्या! तेरी महानता को नमन।
क्षमा माते! कर नहीं सकती तुम्हारा अनुगमन।
महर्षि गौतम का प्रेम यदि निष्पाप था
तो इंद्र का छल क्योंकर तेरा पाप था?
महान बनकर तुम्हें क्या मिला?
पति ने ही बना दिया शिला।
तुम पूज्य हो, धन्य हो।
किंतु मेरे लिए नहीं मान्य हो।
क्यों किसी देव से उद्धार की प्रतीक्षा हो?
पाषाण भली, यदि मेरा सम्मान पति की भिक्षा हो।
हे द्रौपदी! तेरी महानता को नमन।
क्षमा देवी! कर नहीं सकती तुम्हारा अनुगमन।
माता कुंती की आज्ञा से उनके पाँच पुत्रों में वितरित हुई।
इस लांछन के लिए आजीवन अपमानित हुई।
तुम्हारी महानता ने क्या दिया?
अपने ही घर में, अपनों के समक्ष, अपनों ने चीरहरण किया।
तुम पूज्य हो, धन्य हो।
किंतु मेरे लिए नहीं मान्य हो।
अपनी शील रक्षा के लिए क्यों कृष्ण की पुकार करूँ?
अपनी ही शक्ति से क्यों न पापियों का संहार करूँ?

10.

हमेशा ही बांधा है मैंने स्वयं को,
मर्यादाओं की मजबूत बेड़ियों में,
असह्य, अमर्यादित परिस्थितियों में भी!
"जैसे सदियों से बंधती आई हैं कमज़ोर स्त्रियां,
असह्य घुटन में छटपटाती!!
परंपराओं, रीति रिवाजों, संस्कारों की शर शैय्या पर
स्वयं के निर्णय से स्वयं को सुलाती!!!"
और जब भी कुछ पल जीने को
अपने घाव सीने को
अपनी खोई हिम्मत पाने को
तोड़ पाई हूं वो बेड़ियां?
उठती हैं मेरी ओर
एक साथ कई उंगलियां!!
और तीर की तरह बेंधते हैं मुझे
अनगिनत प्रश्न???

11.

वक्त बदल रहा है।
ये बदलाव बहुत अच्छा लग रहा है।
बेटियां पढ़ने जाती हैं,
खुद को योग्य बनाती हैं,
बौद्धिक एवं मानसिक क्षमता बढ़ाती है,
माता पिता से भी साथ एवं सहयोग पाती हैं।
देश और समाज भी इस बदलाव को अपनाने लगा है,
बेटियों को आगे बढ़ाने के मुहिम में सुर मिलाने लगा है।
राजनीति, सेना, पुलिस प्रशासन हो या व्यावसायिक क्षेत्र

फिल्म, मीडिया, फैशन हो या विज्ञान या कला साहित्यिक क्षेत्र
हर क्षेत्र में बेटियों का बोलबाला है।
उम्मीद है, बहुत जल्द ही बेटियों के अच्छे दिन आनेवाला है।
समाज ने तो बेटियों को बहुत रुलाया है,
जीते जी ही नहीं, गर्भ में भी मार डाला है।
आज देखती हूं, समस्या विकट है,
लड़कों को शादी के लिए लड़कियां मिल नहीं रहीं,
अपनी की गई गलतियों का नतीजा प्रकट है।
मातृशक्ति होती ही ऐसी है...
पुरुषों के हर क्षेत्र में खुद को सिद्ध कर दिया है
वंश बढ़ाने को बेटा चाहते हैं जो
बेटियों ने जगह जगह सफलता का परचम लहराकर
उन सबका मुंह बंद कर दिया है।

12.

इन दिनों मेरा वजूद मांगने लगा है
मुझसे उस आशियाने का मालिकाना हक
जिसकी दरो दीवारों को मैंने अपने सपनों की गारे मिट्टी में
अश्कों का पानी मिलाकर बनाया है।
जिसकी ईंटों को जोड़ने में अपनी ख्वाहिशों को सीमेंट बनाया है।
जिसकी दीवारों को रंगाई पुताई में हर बार मैंने अपना खून दिया है।
जिसकी छत को अपनी सिसकियों, चीखों से ढाला है।
जिसकी जमीन पर मेरे अनगिनत जख्मों का हवाला है।
जिस मकान पर दूसरों के नाम की तख्ती सजाने के लिए
हमेशा अपनी आत्मा की कील ठोंकी है।
संस्कार कहते हैं,"दर्द पीकर मुस्कुराने में ही औरत का सौंदर्य है, औरत की मर्यादा है।"
"मैं सुंदर और मर्यादित होने की जमानत से रिहा होना चाहती हूं।"

बड़ी मुश्किल से एक औरत की चुप्पी टूटी है।
एक औरत ने विद्रोह की बिगुल फूंकी है।

13.

"स्त्री मन"

चलती रही,
चलती रही, चलती ही रही वो उम्रभर।
कई बार ऐसा लगा
कि अब रुक जाना चाहिए उसे!
कई मोड़ ऐसे आए सफर में
जहां से जीवन की दिशा
बदलने का अवसर मिला!!
किंतु साहस ही नही कर पाई,
किसी ऐसे विकल्प को चुनने का!
उसी राह पर चलते रहने के सिवा!!
अक्षम, अशक्त तो नहीं थी,
अन्याय भी नहीं सही।
फिर भी मन का नहीं किया।
"मन का क्या है?
मन तो बावरा है।"
बस चलती रही,
चलती ही रही वो उम्रभर!!

14.

मैं पूजती हूं तुम्हें...
सच कहती हूं तुमसे!
पर ये भी सच है कि...

मैं हमेशा मीरा के जैसी
उपासिका नहीं रहना चाहती!!
न तुम्हारे पीछे, न तुम्हारे आगे निकलना चाहती हूं।
बस तुम्हारे संग संग चलना चाहती हूं।
कभी राधा के जैसी....
प्रेमिका भी बनना चाहती हूं!
रूठूं तो तुम मना लो
मेरे नखरे भी उठा लो!!
कभी रुक्मिणी के जैसी
अर्धांगिनी भी बनना चाहती हूं!
कुछ बोलूं तो समझ पाओ
न बोलूं फिर भी समझ जाओ!!
मैंने सुना है ऐसा...
जहां भय हो, वहां प्रेम कैसा?
पर फिर भी भय है हर पल, तुम्हें खोने का
तुम्हारी नहीं, नियति के क्रोधित होने का।

15.

हम भारतीय पत्नियां 24 घंटे में 24 बार
I love you नहीं बोलती हैं।
पर बहुत सुबह जब कमरे से निकलती हैं,
पति की नींद में खलल न हो, इसलिए कमरे से
दबे पांव निकलने की कोशिश करती है।
हम भारतीय पत्नियां
I love you नहीं बोलती है,
पर जब रसोई में प्रवेश करती है
पति के पसंद की रसोई ही तैयार करती है।

हम भारतीय पत्नियां
I love you नहीं बोलती हैं,
पर हमेशा खुद से पहले पति की थाली परोसती है।
हम भारतीय पत्नियां
I love you नहीं बोलती हैं,
पर अपने नाश्ते के पहले पति का लंच रखने का सोचती है।
हम भारतीय पत्नियां
I love you नहीं बोलती हैं,
पर घर परिवार की सारी जिम्मेवारी निभाती
उन्हें तनाव से हर संभव दूर रखती है।
हम भारतीय पत्नियां
I love you नहीं बोलती हैं,
पर अपनी दिनभर की थकान भूलकर
हर शाम अपनी मुस्कान से उसकी थकान हरती है।
हम भारतीय पत्नियां
I love you नहीं बोलती है,
पर "पापा थक कर आए है, उन्हें परेशान न करो"
ऐसा कह बच्चों की सारी परेशानी भी खुद ही झेलती है।
हम भारतीय पत्नियां
I love you नहीं बोलती हैं,
पर परिस्थिति कैसी भी हो, देह छोड़ने के बाद ही पति का साथ छोड़ती हैं।

16.

इस कविता में मैंने नारी की कुछ अहम भूमिकाओं को वर्णित करने का प्रयास किया है जिन्हें समाज ने कुछ रिश्तों का नाम दिया है। हर रिश्ते में नारी के कुछ दायित्व हैं, जिन्हे वो बखूबी निभाती है और सिद्ध करती है कि नारी हर भूमिका में अनुपम है।

मां...

कितना अदभुत, कितना प्यारा है मां का रूप।
मां है साक्षात ईश्वर का प्रतिरूप।
जीवन यात्रा में छांव हो या धूप,
मां का साया बना देता है हमें बहुत मजबूत।
जीवन युद्ध में हो कभी छल या प्रपंच।
मां की दुआएं बन जाती हैं सुरक्षा कवच।

बहन...

जो साथ मिले एक बहन का,
राह सुगम हो जीवन का।
बहन बड़ी हो तो मां के कर्तव्य निभाती है।
अगर छोटी हो तो अधिकार जताना सिखाती है।
बहनें भाईयों से लड़ती झगड़ती हैं।
पर भाई के लिए मरती है, मारती है।

सास...

सास की छवि किसी से छुपी नहीं है।
सच पूछिए तो सास इतनी भी बुरी नहीं है।
कहते हैं, सास भी कभी बहू थी।
मैं कहती हूं सास भी एक मां है।
जिस पति के लिए सारा श्रृंगार
है वो हमारी सास का ही राजदुलारा
जब कुछ बंटता है, तकलीफ होती ही है।
सास तो पाल संभालकर,
अपने कोख का जाया बांट लेती है।

बहू...

कैसा भ्रम है ! बेटा बुढ़ापे का सहारा है।
बहू का साथ सहयोग न हो तो वो बिलकुल बेचारा है।
सच है कि बहू से ही घर चलता संभलता है।

और इसका सारा श्रेय समाज पुत्र पर डालता है।

ननद...

ननद की भूमिका एक पहेली,
कभी बहन कभी सहेली।
कभी सख्त कभी हंसी ठिठोली
ननद है ससुराल की रौनक अलबेली।

भाभी...

जब घर में आती है भाभी
मिल जाती है खुशियों की चाभी
बन जाती है मां, बहन और सहेली भी
बस उसे पराई न समझो कभी

बेटी...

बेटी का तो क्या ही कहना??
हर घर में हो यह गहना
नारी ज्यों बिन साज श्रृंगार
बेटी बिना सूना घर बार, संसार

मौसी/बुआ...

कुछ रिश्ते स्त्रियों से ही चलते हैं।
मौसी व बुआ हो घर में
तभी मौसा व फूफा मिलते हैं।
कुछ रिश्ते विलुप्तप्राय है।
जिनकी एक ही संतान है,
उनके लिए क्या इस समस्या का कोई समाधान है???

पारिवारिक/सामाजिक

1.

माँ ने कोख दिया, जीवन दिया
तो पिता ने भी पेट काटकर अपनी ख्वाहिशों को मार दिया
माँ रात रात भर जागती रही है
तो पिता भी उन रातों का साक्षी रहा है
माँ का वात्सल्य जीवन वृक्ष को देता अगर जल है
तो पिता का अनुशासन धूप बनकर देता उसे बल है
माँ अगर हमारी जीवन नैया है
तो पिता ही उसका सफल खेवैया है
माँ के स्नेह में सागर की गहराई है
तो पिता के प्रेम में अम्बर की ऊँचाई है
निस्संदेह माँ की ममता पूजनीय है
तो पिता की क्षमता भी निस्संदेह अतुलनीय है।

2.

मां से मेरी हर दिन बातें होती हैं।
दुनिया जहान की बातें कर वो खुश होती है।
ससुराल की चर्चा,
पति बच्चों की चर्चा,
क्या बनाया क्या खाया?
दिन सारा कैसे बिताया?
कहां शॉपिंग की?
शॉपिंग में क्या क्या ली?
ये सब हर दिन का किस्सा है।
कुछ हिदायतें, कुछ नसीहतें,

मेरी दिनचर्या का हिस्सा है।
पापा बहुत कम बातें करते हैं।
नपी तुली, जरूरत भर हाल चाल!
कुछ बहुत जरूरी हो, बस वही सवाल?
ये तो पिता का मान और हमारा भारतीय संस्कार है
कि बहुत बोलनेवाला भी पिता के सामने लाचार है।
पर दुनिया के सामने कहना चाहती हूं।
"मेरे पापा एक बहुत ही अच्छे कवि/लेखक हैं।"
बस..................
इसलिए मैं भी एक कवियित्री/लेखिका कहलाती हूं।

मेरे पापा ने मेरे जन्मदिन पर ये खूबसूरत कविता लिखी थी जो आप सबके समक्ष प्रस्तुत करना चाहती हूं....

आज धरा पर तुम्हारा अवतरण दिवस है, बधाई।
अवतरण दिवस पर ब्रह्मा को
जब कुछ समझ न आया तो
उन्होंने शिवजी से पूछा-
इसका घर कैसा हो?
शिवजी ने कहा-
सोने का बंगला हो
चांदी का जंगला हो
हीरे के फूल हों
मोतियों का गमला हो।
ब्रह्मा- इसका भाग्य कैसा हो?
शिवजी- न कोई बला हो,
न कभी अबला हो

सौभाग्य से परिपूर्ण हो
सशक्त और सबला हो
ब्रह्मा- इसका जीवन कैसा हो?
शिवजी -जीवन में संगीत हो
प्रकृति बजाती तबला हो
चंदन की खुशबू हो
जीने की कला हो।

3.

मुझे सच में याद नहीं,
बिल्कुल याद नहीं......
जब माँ ने मुझे दूध पिलाया होगा,
अपनी गोद में सुलाया होगा,
लोरी गाकर बहलाया होगा,
उंगली पकड़कर चलना सिखलाया होगा.
कैसे बोलूँ?
क्या बोलूँ?
यह भी बतलाया होगा!
पर जब मैंने पहली बार
अपने बेटे को दूध पिलाया
गोद में सुलाया
लोरी गाकर बहलाया......
अचानक ही यह प्रश्न मेरे मन में आया,
किसी स्कूल या कॉलेज ने तो मुझे यह सब नहीं सिखलाया,
फिर यह सब करना मुझे कैसे आया??
ज़ाहिर सी बात है.......
अगर मेरी माँ, माँ न होती

तो मेरे बेटे को भी माँ न मिलती
मेरे अंदर मातृत्व का अहसास
बेटे की भूख से भूख
प्यास से प्यास
वह दूर हो फिर भी
पास होने का विश्वास
माँ ने भी तो यह सब अनुभव किया होगा
तभी तो यह मेरे स्वभाव में भी आया होगा
ज़ाहिर सी बात है......
अगर मेरी माँ, माँ न होती
तो मेरे बेटे को भी माँ न मिलती

4.

पत्नी जब माँ बनने का समाचार सुनाए
और आँखों से आंसू गिरने लगे तब एक पति, पुरुष से पिता बनता है।!!
जनमती है संतान तो पिता खुश तो बहुत होता है
पर देखा है मैंने पिताओं को,
शिशु को गोद में उठाने से भी डरता है।
वक्त की मार से हो गए खुरदुरे हाथों में ताकत तो है
भारी से भारी सामानों को उठाने की
पर भय है अपने इन खुरदुरे हाथों से
शिशु के कोमल देह के छिल जाने की।
संभालता आया है बचपन से पुरुष होने का भार
पर एक नन्हे शिशु को उठाने में हुआ जाता है लाचार।
पिता के प्रेम का वह अविस्मरणीय पल होता है।
जब कांपती बलिष्ठ भुजाओं में शिशु रूपी कोंपल होता है।
मां का प्रेम और त्याग विश्वविदित है।

पिता का प्रेम और त्याग अवर्णित है ।
मां का प्रेम दृश्य जैसे पौधे को पानी, खाद व देखभाल
पिता का प्रेम अदृश्य ज्यों सूर्य की रोशनी और मजबूत संबल
दिनभर शोर मचाकर जो काम मां नहीं करवा पाती है।
वो काम पिता की परछाई ही कर जाती है।
कभी कभी ममता से अंधी आखों से कुछ अनदेखा रह जाता है।
पिता की अनुभवी आँखों से कुछ छुपा नहीं रह पाता है।
पिता ही संतान के जीवन से वो खर पतवार हटाता है।
निशब्द प्रेम और वात्सल्य के प्रतीक हैं पिता
जिनकी उपस्थिति से संतान के जीवन का अंधेरा है मिटता।

5. पिता को समर्पित

पापा मेरे
हैं बड़े न्यारे
आलस को तजते पापा
खूब सवेरे जगते पापा
सबके लिए खुद चाय बनाते
प्यार खुशी से सबको पिलाते
धोबन हो या कामवाली
चाय पिलाने में रुतबा कम न पाते
सुबह, दोपहर, शाम तक
शाम से फिर रात तक
पापा की व्यस्तता मत पूछो
कुछ देर भी बैठ न पाते
आत्मनिर्भरता को यूं अपनाते
अपना सारा काम खुद निपटाते
लोग कहते हैं, पत्नी को अर्धांगिनी

उन्होंने माना है मां को अर्धांगिनी
मां के सारे सुख उनके
मां के सारे दुख उनके
मां की बीमारी भी उनकी
मां की तीमारदारी भी उनकी
अपना पतिधर्म खुशी से निभाते
अनुशासन, स्वच्छता, सुव्यवस्था
उनका न कोई मुकाबला
पापा हमेशा हमारे साथ रहें
हमारे सिर पर सदा उनका हाथ रहे।

6.

माता पिता को समर्पित
ओह.... आपकी पांच बेटियां हैं!
कुछ ने दुःख जताया।
बाप रे! आपकी पांच बेटियां हैं!
कुछ ने मजाक उड़ाया।
बेटे के इंतजार में पांच बेटियां हो गईं तो एक बार और देख लेते!
कुछ ने सहानुभूति दिखलाया।
मां पापा के बड़े बुजुर्गों का दबाव था?
या फिर समाज का प्रभाव था।
इसमें दो मत नहीं कि....
वंश बढ़ाने के क्रम में ही पांच पांच बेटियों का आविर्भाव था।

किंतु इसमें भी दो मत नहीं कि....
पापा को कभी उदास नहीं पाया।
मां ने कभी आंसू नहीं बहाया।

सरकारी नौकरी थी,
ठीकठाक सैलरी थी।
हमें प्यार से ही पाला था,
हमारी हर जिद को भी संभाला था।
पापा या मां ने कभी कुछ ऐसा नहीं कहा
कि....
हम बहनों को अपने लड़की होने पर कोई अफसोस रहा।

हमारे लिए घर का काम कोई मजबूरी न थी।
लड़कियां ही दोस्त हो, जरूरी न था।
कहीं आने जाने से पापा ने रोका नहीं,
जोर से हंसने बोलने पर भी मां ने टोका नहीं।
याददाश्त कमज़ोर हो गई है,
फिर भी याद है मुझे,
मां गंभीर रूप से बीमार थी।
नई नवेली दुल्हन रिंकी दी आने में लाचार थी।
मैं ही मां की तीमारदार थी।
घर का बजट कुछ बिगड़ गया था।
उसी समय होली पड़ गया था।
पापा ने कभी बताया तो नहीं
पर मालूम है हमें कि
हमारे नए कपड़ों के लिए
अलमारी पर रखा नया वैक्यूम क्लीनर उतर गया था।
वैक्यूम क्लीनर फिर कभी नजर नहीं आया
मां पापा ने भी कभी उसकी कमी न जताया।

न तो खेत बाड़ी थी,

न जमीन जायदाद था।
एक नौकरी का भरोसा
और ऊपरवाले का आस था।
एक एक कर पांचों बेटियों को विदा कर दिया था।
अपना घर बना नहीं पाए थे,
पर उन सबको अपना घर दिया था।
जबतक बेटियों का आशियाना नहीं सजाया,
अपने लिए एक आसरा नहीं बनाया।

कुछ सालों पहले की बात है....
मां पापा को कोरोना ने गिराया था।
सच पूछिए तो....
मृत्यु शैय्या पर सुलाया था।
हम सब बहनें उनके लिए यम से लड़ गए थे।
उनकी छत्रछाया खोने नहीं देंगे,
इस बात पर अड़ गए थे।
प्रत्यक्ष है....
मां पापा हमारे साथ हैं
हरि कृपा से हम हुए नहीं अनाथ हैं।
किसी का योगदान कम नहीं था।
रिंकी दी मुंबई से आ नहीं पा रही थी।
पर दूर से ही हमारा हौसला बढ़ा रही थी।
जूली ने तो कमर कस लिया था।
संतोष व मुस्कान ने पल पल उसका साथ दिया था।
स्वीटी और ब्यूटी का जिक्र न हो तो होगा ये अन्याय
उनके पतियों का सहयोग न होता तो वो दोनों भी होती असहाय ।
यह सच है कि हम अच्छी बेटियां हैं,

पर आदर्श बेटियां नहीं हैं।
जरूरत हो मां पापा को
तो उनके पास जरूर पहुंच जाते हैं।
अपना हर धर्म भी निभाते हैं।
पर उम्र के इस पड़ाव में,
जिस सेवा और सहयोग की जरूरत है,
वो हम कभी नहीं दे पाते हैं।

मां पापा ही एक दूसरे का साथ निभाते हैं।
मां का जीवन राजा दशरथ के रथ के टूटे पहिए सा,
जिसमें पापा अपने जीवन की कील लगाकर चलाते हैं।
ईश्वर की असीम अनुकम्पा से,
जिंदगी के जंग में हर कदम जीतते जाते हैं।

मां की दवा का लेखा जोखा पापा ही रख पाते हैं।
मां को अपनी दवा का भी होश नहीं,
यदि पापा दवा देना भूल जाते हैं।
इस बात से हम सब को परेशानी है।
पर इस बात की हैरानी है कि
पापा ने इसमें भी कभी हार नहीं मानी है।

लैला मजनू
हीर रांझा
सोहनी महिवाल
पढ़ा, सुना।
मुमताज के प्रेम में शाहजहां का ताजमहल देखा
पर प्रत्यक्ष में अगर प्रेम और समर्पण देखा

तो....
पापा का मां के लिए
मां का पापा के लिए।
दोनों दशरथ मांझी की तरह मुसीबतों के पहाड़ को
अपने हौसले से काटकर
एक दूसरे के लिए जीवन की राह आसान किए जाते हैं।

7.पति पुत्र को समर्पित

चंदन एक अच्छे/कामयाब इंसान नहीं हैं।
बुरा न मानें, सब ऐसा ही कहते हैं।
प्रारब्ध कहूं या नियति का खेल
समाज की कसौटी पर हर फील्ड में "फेल"
पर आज मैं सभी देवी देवताओं
और दसों दिशाओं
को साक्षी मानकर कहती हूं
मैंने चंदन में पिता का जो रूप देखा
अतुल्य, अलौकिक, अदभुत देखा
दुनिया का हर पिता अपनी संतान से प्रेम करता है
पर उनका पुत्र उनकी धमनियों में रक्त की तरह बहता है।
गंभीर रूप से बीमार थे
उठने में भी लाचार थे
शारीरिक स्थिति जीर्ण थी
याददाश्त बिलकुल क्षीण थी (न के बराबर)
किसी अपने को पहचान न पाते थे
अपने "बाबू" को उस बेहोशी में भी नहीं भुलाते थे।
डॉक्टर भी परेशान हुआ,
उसका विज्ञान पुत्र प्रेम से हैरान हुआ।

वो भी वक्त आया, जब जीवन से हारे हुए थे,
हिम्मत, हौसला सब बिसारे हुए थे।
"बेटा दुनिया की भीड़ में अकेला हो जायेगा"
इतना ही तो कहा था सबने....
इसी "संजीवनी बूटी" से उठ खड़े हुए थे।
"धृतराष्ट्र" और "दशरथ" होने के ताने सुनते हैं।
उन्हें कोई फर्क नहीं पड़ता....
अपने बेटे के इर्द गिर्द घूमती उनकी दुनिया है,
जिसमें वो सौ सौ सपने बुनते हैं।
कई साल से खुद के लिए रूमाल भी नहीं लिया है।
पर बेटे की सुख सुविधा में रत्तीभर भी कमी नहीं किया है।
मां हूं, बेटे के दुःख से दुःख दर्द होता है।
पर बेटे की तकलीफ का पूर्वाभास,
उसके पिता की नींद चैन छीन लेता है।
नियति ने थोड़ी रियायत की और मामला संभाल लिया।
रिश्ते को निभाने में अयोग्य घोषित इंसान को
एक बहुत अच्छे पिता का दर्जा दिया।
जिंदगी की रिपोर्ट कार्ड में उनका रिमार्क्स "Good" नहीं
मैं जानती हूं, बेटे के लिए उनसे बड़ा कोई "God" नहीं
प्रेम नहीं मांगता प्रतिदान....
दुआ है, बेटा ऊंचा रखे....
अपने पिता का मान सम्मान।

8.

पति को समर्पित...
चंदन!!!!
आप पूरब मैं पश्चिम

आप उत्तर मैं दक्षिण
आप चट्टान से धीर
मैं झरने सी अधीर
आप में चंद्र सा शीतलन
मुझमें सूर्य की तपन
आपका मौन
मेरे अनगिनत प्रश्न
एक दूसरे से बिलकुल अलग
पर एक दूसरे के लिए पूर्ण सजग
विचारों में भी विपरीत
फिर भी एक दूसरे के लिए समर्पित

9.

पुत्र को समर्पित
"शिवम(शिव) आदित्य(सूर्य)
कभी शिव सा धैर्य गांभीर्य
कभी तांडव और प्रलय"
"कभी भोर के सूर्य सा कोमल
कभी दोपहर के सूर्य सा तीखा
कोमलता बिलकुल ओझल"
"कभी छोटे बच्चे सा बेफिक्र
कभी फिक्रमंद "मां" सा
कभी लापरवाह, बेपरवाह
कभी सख्त हिदायतें "पिता" सा
कुछ मानवीय गुण, कुछ अवगुण है तुम में
एक तरफ "क्रोध, मोह, लोभ, अहंकार" है
तो दूसरी तरफ "ज्ञान, गंभीरता, शक्ति, शांति

खुशी और प्यार" है।
पर जो सबसे खास है
कि आज की संवेदनहीन दुनिया में
तुम में मानवता और संवेदना अपार है।

10.

मित्र को समर्पित
यूँ तो कहने को बहुत दोस्त थे
पर तुम सा कोई सच्चा नहीं था।
बुरे कोई भी नहीं थे,
पर तुम सा कोई अच्छा नहीं था।
चलते चलते यूँ अचानक तेरा मिलना।
उदास चमन में किसी गुल का खिलना।
जब खोया था मेरा खुद पर ही विश्वास।
तुमने ही तो जगाया था मुझमें आस
ख़ुशबू तेरे किरदार का असर कर गया।
प्रौढ मन फिर शिशु सा संवर गया।
हमारी दोस्ती में कुछ तो बात थी।
तुम्हारी खामोशी मेरी बेबाक़ी दोनों पाक साफ़ थी।

11.

मैं स्त्री हूं और अपने स्त्रीत्व पर गर्व है मुझे।
"स्त्री" मेरी लेखनी का पसंदीदा विषय है।
मैं प्रेम भी लिखती हूं, कभी आशा भी
कभी कुंठा, अवसाद पर, कभी निराशा भी
कागज़ मेरी सहेली है
जिसपर मैंने अपनी सारी भावनाएं उड़ेली हैं।

सवाल यह भी आता है कि
स्त्री पर मेरा लिखना
क्या मुझे पुरुष विरोधी बनाता है?
नहीं!!!!
"स्त्रियां सुबह उठकर जब बाल बांधती हैं
तो वो बांध लेती हैं अपनी ख्वाहिशें
अपने सारे सपने, अपनी मनमर्जियाँ........
किसी पुरुष ने इस बात पर बहुत मार्मिक बात कही...
पुरुष जब अपने जूते के फीते बांधते हैं
तो उनकी भी भावना कुछ वैसी ही होती है।"

जैसे शक्ति के बिना शिव अधूरा है
वैसे ही शिव के बिना शक्ति भी कहां पूरी है?
सृष्टि के सृजन, निर्माण में दोनों का योगदान जरूरी है।
मैंने देखा है पिताओं को
जो अपने परिवार के जीवन राह को आसान करने के लिए
समस्याओं का पहाड़ काट रहे हैं।
मैंने देखा है कुछ पुरुषों को
जो स्त्री के सम्मान में ये वक्तव्य बांट रहे हैं कि
"औरत पर हाथ डालनेवालों की उंगलियां नहीं काटते, काटते हैं उनका गर्दन।"
(मनोज मुंतशीर,"बाहुबली")
मैंने देखा है उन युवा पुत्रों को
जो कठिनाइयों से घिर जाने पर
खुद को मां के आंचल से ढांप रहे हैं
कैसे कहूं, पुरुष कठोर होते हैं
ध्यान से देखना, पुरुष भी रोते हैं।
कई बार मन में खयाल आता है

पुरुषों को "पुरुष" कौन बनाता है?
बचपन में पुरुष जब रोते हैं, डरते हैं, शरमाते हैं
वो हम औरतें ही हैं
जो अपना गहना समझकर उनसे यह सब छीन ले जाते हैं।
मां की गोद का सहमा सिमटा बच्चा
मां की उंगली थामे चलने वाला बच्चा
जरा सी चोट पर रो जानेवाला बच्चा
अपनी जिद पूरी करने के लिए शोर मचानेवाला बच्चा
हमारे ही कहने पर कठोरता अपनाता है
एक कोमल पत्ता हमारी ही वजह से
एक खुरदरे सूखे पत्ते में तब्दील हो जाता है
एक मां के लाडले बेटे को जिम्मेदारी दी जाती है
अपनी बहन, बेटी, पत्नी और बूढ़ी मां के संरक्षण की
भुला देता है वो "पुरुष", रंगीनियां अपने जीवन की
घर की जिम्मेदारियों का सुरक्षा प्रहरी
पीड़ा में कभी रोना भी चाहे तो
पुरुष होने का नुकसान उठाता है और
रोने के लिए एक कंधा भी नहीं ढूंढ पाता है।
अब समाज की कुछ वर्जनाओं को हटाना होगा
पुरुषों को भी रोना, डरना, शर्माना सीखाना होगा।

12.

कितनी अजीब विडंबना है
कैसी ये धारणा है
मर्द को दर्द नहीं होता
इस धारणा को इतनी दृढ़ता से पुख्ता कर दिया
कि दर्द हो भी उसे तो बेचारा नहीं रोता

देखा है मैंने पिता को
बीमारी और संघर्ष के दिनों में
माँ के आँसू पोंछते हुए और खुद के आँसू रोकते हुए
बेटी की विदाई पर भी शादी का सारा इंतज़ाम संभालते हुए
और खुद के आंसू पीते हुए
पति को भी देखा है प्रसव वेदना में खामोशी से कराहते हुए।
पत्नी और अजन्मे बच्चे की चीख में अपने आँसू छिपाते हुए
बहनों को देखा है रोकर अपनी ज़िद पूरी करते हुए
मर्द कहीं रोता है, कहकर भाइयों के आँसू खोते हुए
नारी रह जाए अकेली तो पूरी दुनिया साथ होती है
मर्द तो मर्द है... अकेलेपन में भी उसकी मर्द जात होती है
ये दुनिया ऐसी क्यों है???
नारी के सशक्त होने का इतना प्रचार
तो मर्द के अशक्त होने पर क्यों है हाहाकार??
मर्द को भी रोने दो
उसे भी दर्द होने दो
क्योंकि मर्द को दर्द होता है।

13.
"प्रवासी"

दुनिया में कौन है ऐसा
जो किसी से हारना चाहे
पर अपवाद हैं माता पिता
जो खुशी खुशी बच्चों से हार जाएं
हारकर अपनी जीत का जश्न मनाएं
बच्चा भागकर जब आता है
अपने अव्वल आने की खबर सुनाता है

एक पल में पिता मन ही मन
उसके उज्जवल भविष्य का सपना बुन जाता है
पिता कर देता है शौक आधे
मां कर देती है खर्च आधी
ताकि कर सके बच्चे के अरमान पूरे
बच्चा सफल हो जाता है
अच्छा इंजीनियर/डॉक्टर बन जाता है
नामी मल्टीनेशनल कंपनी में जॉब पा जाता है
पर अब भी कहां पूरे हुए माता पिता के अरमान?
अपने देश में बेटे की प्रतिभा को मिला कहां सम्मान?
पैकेज दुगुना मिले, तभी तो होगा ऊंचा मान
विदेश भेजकर बेटे को हो रहा कितना अभिमान??
आपने स्वयं ही उसे आसमान दिखाया था
जमीन से उठकर ऊंचा उड़ना सिखाया था
अब उसे दिखता कहां जमीन है?
लेकिन उसके रवैए से आप क्यों गमगीन हैं?
होली, दिवाली
तीज त्योहार में आंगन सूना है
अपने सपने को साकार करने के लिए
यह सूनापन आपने ही तो चुना है
ऐसा नहीं, बेटा हालात से अनजान है!
बाप है अब जो, बाप के मर्म का उसे ज्ञान है!
आंखें बंद करते ही मां की नाम आंखें
नजर आती हैं
बच्चों की जिद पूरी करते हुए
पिता की खामोश शिकायतें
बहुत सताती हैं

अतीत उसे हर दिन पुकारता है
भविष्य से हर दिन वह हारता है
ऐसा नहीं, उसकी अंतरात्मा झकझोड़ती नहीं
पर करे तो क्या करे??
जड़ें इतनी गहरी हो गई हैं
चाहकर भी उसे छोड़ती नहीं।

14.

सोशल मीडिया हो, टी वी या अखबार,
एक ही बात दुहराई जाती है बार बार।
बहू ने किया सास ससुर के साथ बुरा व्यवहार।
बेटे ने भी पत्नी का साथ दिया,
और किया माता पिता का तिरस्कार ।
पिता सताए जा रहे हैं।
माएं रुलाई जा रही हैं।
हमारी भारतीय संस्कृति किस ओर जा रही है।
मैं यह नहीं कहती कि ऐसा नहीं होता।
मैंने भी सुना है, देखा है।
पर क्या हमेशा ऐसा ही होता है?
क्या लोगों को नहीं है सिक्के के दूसरे पहलू का भान?
या फिर नहीं जाता इस पहलू पर लोगों का ध्यान?
बेटे भी बुरी तरह सताए जाते हैं।
बहुएं भी बहुत रुलाई जाती हैं।
अपने माता पिता और भाई बहनों को छोड़कर
छोड़कर अपना घर बार
एक लड़की संवारने निकलती है
अपना नया संसार.........

"जीवन एक बार मिलता है।
सभी ने सुना है किंतु मेरा मानना है
कि लड़कियों को तीन बार जीवन मिलता है।
एक बार वो बेटी बनकर जन्म लेती है।
दूसरी बार जब वो बेटी अपना पुराना जीवन छोड़कर बहू बनना स्वीकार करती है।
तीसरी बार जब वो अपने अंश को जीवन देकर पुनः जीवन पाती है।"

...एक लड़की संवारने चली है
अपना नया संसार
पूरे मनोयोग से संवार रही है
अपना नया घर बार, नया संसार
पर यह क्या??
उसकी मां ने तो कहा था,
"तुम अपने घर जा रही हो।"
फिर क्यों बोलते हैं मुझे यहां??
यह मत करो।
वह मत करो।
ऐसा मत बोलो।
यह तुम्हारा घर(मायका) नहीं है।
स्वयं ही स्वयं से प्रश्न करती है
फिर स्वयं ही अपने प्रश्न से डरती है।
फिर भी वह लड़की हार नहीं मानती है।
सिर से पांव तक बदल लेती है खुद को
भूलती जाती है वो अपने वजूद को।
एक ही उद्देश्य, एक ही सपना
सभी का प्यार और सम्मान मिले मुझको।
उम्र तो बीतती जा रही है।

पर कहां लोगों का दिल जीत पा रही है।
बेटी, बहन थी तो अच्छी थी।
बहू, पत्नी, भाभी ...अच्छी क्यों नहीं बन पा रही है?
टूटता जाता है सपना!
और टूटती जाती है वो लड़की!!
मायका या ससुराल!
कहां है मेरा घर बार??
टूटता जाता है सपना!
कौन है मेरा अपना?
इस प्रकरण में लड़के की हालत भी अच्छी नहीं है।
या तो वह पति बुरा है
या फिर माता पिता के प्रति श्रद्धा सच्ची नहीं है।
लड़का बेचारा क्या करे?
एक साथ अच्छा बेटा और अच्छा पति कैसे बने?
अर्धांगिनी स्वीकार किया जिसे,
उसका साथ और सहयोग देकर,
माता पिता के प्रति अपने कर्तव्य से कैसे मुकरे??
जो कभी साथ दे भी दिया तो
माता पिता से आंखें नहीं मिला पाता है।
जिन्होंने दिया था अपने बेटे को एक अच्छा सा नाम
वह बेटा उन्हीं के द्वारा एक बुरे उपनाम से पुकारा जाता है।
एक संस्कारी लड़की अपने पति को तिरस्कृत होते देख नहीं पाती है
बस इसलिए तिरस्कार की अग्नि में जलती जाती है।
प्रेम का यह रूप हमेशा अनदेखा रहा है।
पति के मान सम्मान को कायम रखने के लिए पत्नी ने बहुत कुछ सहा है।
यह हमेशा होता आया है, हमेशा होता रहेगा।
परिणाम क्या होगा???

कि वह लड़की या तो एक अच्छी सास बनेगी, बहू को बेटी मानेगी।
या अवसादग्रस्त होकर वही करेगी, खुद पर जो गुजरी, उसका बदला लेगी।
मेरा सपना है....
समाज में ऐसा बदलाव
"सास ससुर" या "बहू" शब्द से
मन में न आए कोई "नकारात्मक भाव"
न ऐसी खबरें आएं
न लिखनी पड़े कविता
बहू, "बेटी ही" रहे
सास,"मां" और ससुर,"पिता"

15.

बस कुछ दिनों पहले की बात है।
जब पता चला मुझे कि
मेरा बचपन अब भी मेरे साथ है।
घर में एक बच्ची है,
बच्ची बहुत अच्छी है।
जब उसका जन्मदिन आता है,
ये खयाल मुझे सताता है की
क्या उपहार दूं उसे कि खुश हो जाए?
वो दिन उसके लिए यादगार बन जाए?
हम बड़े महंगे कपड़े, मोबाइल, या सोना चाहते हैं।
पर छोटे बच्चे हर बार खिलौना ही मांगते हैं ।
उसे भी कपड़े दो तो वो रूठ जाती है।
खिलौने को ही अपना फेवरेट गिफ्ट बतातीं है।
ऐसा हुआ कि मैं धनतेरस की शॉपिंग कर रही थी।
पर मेरी नजर एक पैकेट पर गड़ गई थी।

वो बहुत सुंदर पैकेट था।
छोटे बच्चो के लिए बना
स्टील के बर्तनों का किचन सेट था।
इतना अच्छा लगा कि दो सेट ले आई,
विश्वास करेंगे आप कि
मैं जो 26 सालों से बड़े बरतनों से उलझती रही हूं
उस किचन सेट से खेलने से खुद को रोक नहीं पाई
राज की बात बताऊं....
बच्चों को वो किचन सेट देने का मन नहीं था।
मैं बहुत खुश हूं कि
अभी भी मेरे अंदर मेरा बचपन था।

16.

अभिजात्य वर्ग की मैं बलिहारी
जिसने दी समाज को एक नई बीमारी।
महंगे रिसॉर्ट में शादी हो रही है।
कौन कहे, कितनी बर्बादी हो रही है।
उनके ही स्टेटस के कार वाले लोग जायेंगे।
जो नहीं जा सके, अपने हालात पर पछताएंगे।
बुलानेवाला भी स्टेटस मेंटेन करना चाहता है।
पर क्या करें बेचारे?
सामाजिकता के नाते सभी रिश्तेदारों को बुलाता है।
अब थोड़ी बहुत सभ्यता संस्कृति दिखाना भी जरूरी है।
न चाहते हुए भी, कुछ रिश्ते निभाना उनकी मजबूरी है।
हर एक परिवार के लिए अलग अलग एसी कमरा है!
इसमें आपसी मेल मिलाप और स्नेह कहां ठहरा है??
रस्म अदायगी पर ही लोग अपने कमरे से निकलते हैं।

अमीरियत के दंभ में आगे बढ़कर एक दूसरे से कहां मिलते हैं??
शादी ने दिया बहुत बढ़िया बहाना है।
लोगों को अपनी रईसी यहीं दिखाना है।
ऐसे निमंत्रण में अपनेपन का कोई भाव नहीं।
प्रेम और सम्मान उपेक्षित होकर किसी कोने में आंसू बहा रहे हैं,
कीमती उपहारों के भव्य प्रदर्शन का यहां कोई अभाव नहीं।
पारंपरिक नृत्य संगीत कहीं खोते जा रहे हैं।
महंगे कोरियोग्राफर फिल्मी डांस सीखा रहे हैं।
मेंहदी भी अब रंग तभी ला रही है,
जब तन पर हरे रंग की डिजाइनर आउटफिट गजब ढा रही है।
फिर हल्दी की रस्म आती है ।
गर पीले रंग के डिजाइनर कपड़े न पहनें
तो आपकी ही नजरें आपको नीचा दिखा रही है।
शादी के दिन महिलाओं का ड्रेस कोड लहंगा है।
उफ्फ, कुछ लोगों के लिए ऐसा कर पाना बहुत महंगा है।
पुरुषों को भी ड्रेस कोड दिए जाते हैं।
जो सक्षम नहीं हैं, वो स्ट्रेस मोड में चले जाते हैं।
स्टेज पर वरमाला की रस्म शुरू होती है
वहां न दूल्हे के शरारती दोस्त
न दुल्हन की चुलबुली बहनें होती हैं।
फिल्मी स्टाइल में धुएं की धूनी उड़ती है।
न दुल्हन शरमा रही है
न दूल्हा घबरा रहा है
अभी दिल थाम कर देखिए
दूल्हा दुल्हन का शानदार परफॉर्मेंस आ रहा है।
पिक्चर अभी बाकी है दोस्तों!!!
क्योंकि चारों तरफ बहुत से स्क्रीन हैं।

जिनपर चल रही वीडियो रंगीन है।
आपको यह बताया जाता है कि
चट्टानों पर, बगीचे में, नदी किनारे
जंगल में, बागानों में, यहां वहां
जहां तहां मत पूछो कहां कहां
प्री वेडिंग सूट हुई है।
हर पोज में लड़के लड़की की प्रीमीट हुई है।
क्या यही हमारे भारतीय संस्कार हैं?
यह सब देखकर हमारी सभ्यता सच में शर्मसार है।
खाने के बारे में क्या क्या बतलाएं
इतने आइटम्स हैं, आप हम गिन भी न पाएं
पर प्लेट में कम डस्टबीन में ज्यादा हैं
कोई भूखा न सोए हमारे देश में
क्या इसे ऐसे ही पूरा करने का इरादा है??
आप बर्बाद करें, आपका धन है
किंतु ये भी तो सोचिए
आप जो नष्ट कर रहे हैं, देश का संसाधन है??
क्या आपसे कुछ भी पूछने का हमें अधिकार है?
आपका पैसा है, आपने कमाया है, दिखाया है, उड़ाया है।
पर दिखावे की इस सामाजिक बीमारी ने बहुतों को रुलाया है।
अभिजात्य वर्ग को देखकर
मध्यमवर्गीय समाज ने भी इसे अपनाया है।
अमीरों की देखादेखी में अपने जीवनभर की पूंजी को
गंवाया है या फिर खुद को कर्ज में डुबाया है।
मेरी आत्मा का यह रुदन है....
आप सबसे करबद्ध निवेदन है,
आप जो खाना डस्टबीन में फेंक रहे हैं।

बहुत से लोग हैं अभी भी जो उस खाने को सालों से सपनों में देख रहे हैं।
जब कभी आपके अंदर का इंसान जागेगा
आपसे आपके कर्मों का हिसाब जरूर मांगेगा।

17.

सुनसान सड़क थी, चल रही मैं बेधड़क थी
अपना देश, अपना शहर, अपना ही घर था
किस से और क्यूँ डरती, किसका डर था?
जंगल में तो न थी, पर जानवर दिखे थे
दिखते थे इंसान पर जानवर सरीखे थे
शिकार देखकर चारों खुशी से चीखे थे
बिदके हुए साँड़ तो न थे
पर वैसे ही दौड़े थे
पागल कुत्ते भी न थे
पर वैसे ही मुझपर चढ़े थे
भूखे भेड़िये भी न थे
पर अंग अंग नोच खाया था
क्यों रोते हैं बेटी के जन्म पर
उस दिन ही समझ में आया था
याद नहीं, कितने पल बेजान पड़ी थी
हर पल में हज़ारों बार मरी थी
मैं मर चुकी थी, आत्मा ज़िंदा थी
आगे का दृश्य देखकर आत्मा भी शर्मिंदा थी
मरकर मैंने बड़ा काम किया
अखबार में भी बहुत नाम किया
न्यूज़ चैनलों में मेरे नाम का शोर था
किसने मुझे पहले कवर किया

इस बात का बड़ा होड़ था
यह मौत बड़ी निराली थी
अब मेरे नाम की दिवाली थी
लोगों के हाथों में मोमबत्तियाँ थी
"बलात्कारियों को सज़ा दो"
ऐसी तख्तियां थी
मेरा नाम किसी परिचय का मोहताज नहीं था
मिलेगी इतनी शोहरत, अंदाज़ नहीं था।
प्रश्न यह भी है
कब तक अबला कहलाएंगे
कब तक आंसू बहाएंगे
कब तक सब पर उंगली उठाएंगे
कब तक मोमबत्तियां जलाएंगे
यह द्वापर युग नहीं जो गोवन्द हमें बचाने चले आयेंगे
आइए, हम सब मिलकर संकल्प उठाते हैं
शब्दकोश में भी न मिले"बलात्कार"शब्द
कुछ ऐसा कर जाते हैं।
बलात्कार का दूसरा पहलू :-
बहुत प्यार से भी होता है बलात्कार
जब एक लड़की, किसी लड़के से करती है बहुत प्यार
कर लेती है उस पर इस कदर ऐतबार
कि कर लेती है अपनी मर्यादा को तार तार
याद आते है जब अपने संस्कार
याद दिलाती है लड़के को बार बार
लड़का कहता है... Not a big deal yaar

प्यार जैसे खूबसूरत शब्द के साथ अत्याचार

लड़की करती है अपनी परंपरा को शर्मसार
मेरी नज़र में लड़की भी है गुनाहगार
उसपर भी तो था अपने सम्मान का दारोमदार
मेरी नज़र में लड़की भी है गुनाहगार
क्योंकि उसने देखा सिर्फ अपने क्षणिक सुख का आधार
मेरी नज़र में लड़की भी है गुनाहगार
क्योंकि इस बार उसने स्वयं ही किया
स्वयं का बलात्कार
बलात्कार का तीसरा पहलू....
विवाह हुआ है, ये सत्य है
किंतु स्त्रियों के पास भी मन है, ये सही है
जो सत्य और सही है, हमेशा वही कीजिए
कुछ ज्ञानी लोगों ने कही है
सुबह से रात तक
घर से बाहर तक
स्त्रियां खुद को दिनभर मशीन की तरह चलाती हैं
कभी शौक, कभी मजबूरी ये सब करवाती है
कभी जिस रात का इंतजार रहता था
खुद को खुशी से किसी में खोने के लिए
रात वही है
पर अब सिर्फ और सिर्फ सोने के लिए
ये सोना भी इसलिए कि
अगली सुबह फिर हिम्मत कर सके
स्त्री अपने आपको ढोने के लिए
मेरा एक छोटा सा मुक्तक है इस संदर्भ में....
"स्त्रियां सुबह उठकर जब बाल बांधती हैं
तो वो बांध लेती हैं अपनी ख्वाहिशें

अपने सारे सपने, अपनी मनमर्जियाँ
और रात को खोलती हैं अपने बाल
और साथ में खोल देती हैं
अपने सपनों का द्वार रात भर के लिए"
तो बस उसने अपने बाल खोले ही थे कि
पति का प्यार मचल उठा है एक दूसरे का तन मन भिगोने के लिए
निढाल काया, गहरी नींद
और पति की पौरूष वाली ज़िद
पहले पहल पति का प्यार मनुहार
पत्नी का विवश इंकार
फिर थोड़ा तकरार
आखिर में स्त्री जाति की हार
उसके बाद जो होता है
वो भी मेरी नजर में है पूर्णतया बलात्कार

18.

येन बद्धो बलि राजा, दानवेन्द्रो महाबलः ।
तेन त्वामपि बध्नामि रक्षे मा चल मा चल।
इस श्लोक का अर्थ है, "जिस रक्षासूत्र से महान शक्तिशाली राजा बलि को बांधा गया था,
उसी सूत्र से मैं तुम्हें बांधती हूं, हे रक्षे! तुम अडिग रहना।

रक्षा बंधन है भाई बहन के रिश्ते का प्रसिद्ध त्यौहार
"बहन की सुरक्षा के लिए बाध्य हूं", होते हैं भाई के हृदय का उदगार
सोना, चांदी हीरे मोती फीके पड़ जाते हैं
जब रेशमी स्नेह की डोर कलाई की शोभा बढ़ाते हैं
किंतु कुछ साक्ष्य यह बतलाते हैं
कुछ अनकहे, अनसुने, अनजाने रिश्ते भी रक्षा का वचन निभाते हैं।

जब होती है पावन रक्षा सूत्र की पुकार
मिलता है विजय, धन, शक्ति, हर्ष अपार
बात है यह बहुत पुरानी
राजा बलि की सुनी कहानी
उसने १०० यज्ञ पूरा किया
इंद्र का सिंहासन डोल गया
इंद्र ने भगवान विष्णु की शरण ली
भगवान ने दो पग में धरती और स्वर्ग नाप ली
बलि ने तीसरे पग में मस्तक का दान दिया
बलि ने अपनी भक्ति से विष्णुजी को पाताल लोक में रोक लिया
उनके घर न लौटने पर लक्ष्मी जी ने बहुत शोक किया
मां लक्ष्मी को नारद जी ने उपाय बताया
लक्ष्मी जी ने राखी बांधकर बलि को भाई बनाया
फिर उपहार में तीनों लोकों के स्वामी श्रीविष्णु को वापस पाया।

एक पौराणिक कथा के अनुसार,
देव और दानव में युद्ध जारी था
दानव इस युद्ध में देव पर भारी था
इंद्र घबराए, बृहस्पति जी की शरण आए
इंद्राणी ने पति की कलाई पर पवित्र रेशम का धागा बांध दिया
पावन धागे की शक्ति से इंद्र पर आया संकट टाल दिया
महाभारत की यह कथा भी बहुत प्यारी है
द्रौपदी और कृष्ण की मित्रता सबसे न्यारी है।
शिशुपाल वध में सुदर्शन चक्र ने श्रीकृष्ण की तर्जनी काटी थी।
सखी द्रौपदी ने उंगली पर साड़ी के टुकड़े की रक्षा सूत्र बांधी थी।
सखा ने रक्षा सूत्र का वचन निभाया।
चीरहरण से सखी की लाज बचाया।

इतिहास गवाह है कि
राजपूत जब लड़ाई पर जाते थे
अपनी पत्नी से भाल पर तिलक लगवाते थे
और हाथ में रक्षा सूत्र भी बंधवाते थे।
कर्णावती थी मेवाड़ की रानी
मुसलमान हुमायूं को राखी भेज उसे भाई मानी
हुमायूं ने भी बहन के राखी की लाज रखी थी
बहादुरशाह के विरुद्ध लड़ते हुए कर्णावती की रक्षा की थी।
सिकंदर की पत्नी ने भी कुछ ऐसा ही किया
अपने पति के शत्रु पुरु को राखी बांध दिया
फिर युद्ध के समय अपने सुहाग की रक्षा का वचन लिया
पुरु ने भी बहन के सुहाग सिकंदर को जीवनदान दिया।
राखी के रेशमी धागे में वह शक्ति है ।
हर आपत्ति विपत्ति से मिल जाती मुक्ति है।

19.

मैं रक्षा बंधन के अवसर पर राखी के गाने जरूर सुनती हूं।
कभी भावुकता में रो देती हूं।
कभी सुनकर खुश हो लेती हूं।
और तब समझ जाती हूं मैं कि
भाई बहन का प्यार,
है ईश्वर का दिया अनमोल उपहार!
यह एक ऐसा एहसास है
भाई नहीं, एहसास फिर भी पास है।
मैं नहीं जानती, भाई कैसे होते हैं?
कहानियों में सुना है...
फिल्मों में देखा है...

भाई बहुत प्यारे होते हैं।
महसूस नहीं हुई कभी भाई की कमी,
पर आज लिखती हूं तो क्यों है आंखों में नमी?
कुछ बातें आ रही हैं जेहन में!!
स्कूल के दिनों में...
हम तो जाते थे अकेले।
पर जिनके भाई थे,
उनके ठाट थे अलबेले।
किसी की हिम्मत नहीं कि फब्तियां कसे।
और तो और, भाई के दोस्त भी भाई हो चले।
याद है मुझे...
प्लस टू के लिए बहुत प्रतिष्ठित स्कूल में दाखिला मिला था।
सुदूर, सुनसान इलाका था।
स्कूल छोड़ दिया मैने।
भाई होता तो स्कूल तो न छोड़ती,
भाई मुझे छोड़ आता।
देखा है मैंने...
कॉलेज के बाहर उन्हीं लड़कियों के लिए मजनू खड़े होते,
जिनके भाई उन्हें लिवाने न आते।
शादियों में पापा के जिम्मे बहुत काम होता।
सोचती हूं, भाई होता तो पापा को कुछ तो आराम होता।
दुःख तो नहीं हुआ, पर अखर गया था।
जब भाई की रस्म निभाने बहन आगे बढ़ी थी
तो लोगों का चेहरा उतर गया था।
"कम से कम एक भाई होना चाहिए, होता तो अच्छा होता।"
ससुराल वाले समाज का कायदा बताते हैं।
बहन को विदा कराने भाई ही आते हैं।

शादी ब्याह, धार्मिक अनुष्ठान हो
या हो कोई तीज त्योहार
भाइयों के जिम्मे ही होता है
कलेवा, सरगी, उपहार, व्यवहार।
मेरे ससुराल में राखी का त्योहार नहीं मनाते थे।
किसी अनहोनी की आशंका से
भाई, बहनों से राखी नहीं बंधवाते थे।
मैं नहीं मानती!!!!
मैने तो सुना है कि
यह रेशम की डोर भाईयों के लिए इतनी मजबूत बन जाती है।
कि मुसीबतों के पहाड़ पर सुरक्षा कवच बनकर तन जाती है।
ईश्वर को अच्छी सूझी।
हमारे घर तीन तीन बेटियां भेजी।
मैने पुरानी परंपरा को तोड़ दिया।
त्योहारों में राखी को भी जोड़ दिया।
बहनें फूली नहीं समाई थीं।
भाईयों ने उनसे राखी बंधवाई थी।
सबकी आशंका निर्मूल हो आई थी।
मैं जो महसूस न कर सकी,
एक भाई का प्यार।
अपने बच्चों के एहसासों में जी लेती हूं,
वो प्यार, वो दुलार।

20.

क्या वैसा बचपन आज की पीढ़ी को मिल पाएगा?
यह न कभी हो पाएगा।
जब हम बच्चे थे

तो सच में छोटे बच्चे थे
सहज, सरल, निर्मल, निश्छल
हंसते खेलते निश्चिंत हर पल
मां ने चलना बोलना सिखाया
पिता से पढ़ना लिखना सिखाया
दादा दादी, नाना नानी, चाचा चाची
मामा मामी, बुआ, फूफा
बहुत बड़े बुजुर्ग थे जिन्होंने
बात व्यवहार विचार बहुत कुछ बताया
भाई बहनों ने खेलाया, हंसाया, रुलाया
मित्रों ने बचपन को यादगार बनाया
आज की पीढ़ी के बच्चे पैदा होते हैं
पर वो बच्चे नहीं रहते
पैदा होते ही सयाने हो जाते हैं।
हमारे खिलौने थे
झुनझुना, गुड्डे, गुड़िया, हाथी, घोड़े
आज की पीढ़ी के बच्चे खेलते हैं
Whatsapp, FB, Insta, Twitter, Snapchat से
चलना बोलना सीखते हैं यूट्यूब से
पढ़ना लिखना गूगल से
आज के बच्चों के सपने कैसे?
एकता कपूर के डेली सोप में दिखाते हैं, वैसे
वास्तु पर आधारित आलीशान घरबार
100,200 करोड़ का व्यापार
24*7 सजे धजे पति पत्नी रिश्तेदार
मेकअप कभी उतरता नहीं
घर कभी बिखरता नहीं

रिश्ते कभी संवरते नहीं
लोग दस बार मरकर भी मरते नहीं।
इन सीरियलों ने आज की पीढ़ी को सिखाया है
सास और ननद की भूमिका में नारियों ने हमेशा घरों में आग ही लगाया है।
धैर्य, सहनशीलता, समर्पण जैसे गुण महिलाओं का अपमान है
परिस्थिति थोड़ी भी प्रतिकूल हो, डिवोर्स ही समाधान है।
सुबह जो आदर्श पति पूजा पाठ, यज्ञ हवन करता है।
उसी रात वो पार्टी में नशे में धुत्त गिरता है।
किसी और के संग एक्स्ट्रा मैरिटल अफेयर में पड़ता है।
यह कैसे समाज की तैयारी है?
भावी पीढ़ी बड़ी बेचारी है।
सोशल मीडिया पर ऐसे reels आते हैं
2,3 साल के बच्चों के मुख से कुछ बातें सुनकर अधेड़ उम्र में हम शर्मा जाते हैं
3 साल की बच्ची पूछती है पिता से
मैं कहां से आई
पिता ने कहा, भगवान के घर से मंगाई
बेटी कहती है, मुझे बुद्धू मत समझो
मैं जानती हूं, आपने मम्मा के साथ सुहागरात मनाई और मैं पेट में आई
अपने बच्चे के बचपने को कुछ माता पिता भुना रहे हैं
अबोध बच्चों से बेतुकी बेहूदी हरकतें करवाकर भी पैसे कमा रहे हैं।
वायरल होने का यह कैसा होड़ है
नीचता, बेहयाई भी इस होड़ में मांगे more है।

आज लोगों के पास टाइम की बहुत कमी है फिर भी इतनी फुर्सत में रहते हैं
Reels देख देखकर उन्हें वायरल करते हैं।
आज की पीढ़ी
एक्टर्स, influencers की हर कृत्य की नकल करती है।

समर्थ, धनी लोगों के भव्य आयोजनों की देखा देखी
सामर्थ्य से बढ़कर आयोजनों में लाखों खर्च करती है।
अपने पास एक लाख हो, दस लाख के कर्ज भरती हैं।
ऑनलाइन गेमिंग ऐप भी खूब फायदे कमा रही है।
पर हमारे बच्चों को मानसिक रूप से पंगु बना रही है
स्वार्थ की ऐसी पराकाष्ठा है कि अनगिनत अबोध बच्चों को मौत की नींद सुला रही है?
कितना कुछ है कहने को
पर हाय शरमाऊं मैं
ऐसे क्या क्या सुनाऊं मैं?
किस किस को बतलाऊं मैं?
ऐसी ऐसी खींचातानी।
ऐसी ऐसी मनमानी...।

21.

हर सिक्के के दो पहलू होते हैं. कोई शक नहीं कि सोशल मीडिया ने हमारी जिंदगी में बहुत से अच्छे बदलाव किये हैं. अंतहीन दुनिया ६ इंच के मोबाइल में सिमट गई. मीलों की दूरी सेकंड भर में दूर हो जाती है ,वीडियो कॉलिंग के जरिये.पर यह भी सच है कि जितने पास आए,उतनी ही दूरियाँ भी बढ़ गई.जीवन से वास्तविकता दूर होती जा रही है.खुश दिखना खुश रहने से ज्यादा ज़रूरी हो गया है.

"Social Media"
सुबह सुबह पति पत्नी के बीच महाभारत हो जाये
पर whatsapp पर "गीता"का उपदेश कैसे नहीं आये?
किसी के लिए सुबह कितना भी खराब हो जाए
पर whatsapp और facebook पर good morning कौन रोक पाए?

बेडरूम में बेड दो लगे हैं, ये हाल है
DP में nice couple pic, कमाल है।

माँ बाप हर त्योहार पर अकेले हैं
Facebook पर उनके साथ ही मेले हैं

अपनी परेशानियों का कोई हल नहीं किसी के पास
दूसरों को ज्ञान देने में क्या झमेले हैं?

घर में आठ साल का नौकर है और
फेसबुक पर बाल मजदूरी का विरोध है।
खुद शादियों में लाखों की फिजूलखर्ची की
और फेसबुक पर इस बात पर बड़ा क्रोध है।

जीवन की दौड़ में अपना सालगिरह भी याद नहीं
फेसबुक फ्रेंड्स को विश करना नहीं भूले हैं,
हो सकता है, याद किसीको न हो
पर notification के द्वार तो खुले हैं।
Like और comment का भी एक कायदा है
उसमें भी अपना ही फायदा है।
मैंने नहीं किया तो वो भी नही करेगा
गम ये भी कम नहीं, क्यों उसके likes और comments मुझसे ज्यादा हैं?
अपने ही भाई बहनों से मीलों की दूरी है,
सोशल मिडिया पर बहुत पास होने का दिखावा मगर ज़रूरी है।
अब तो मृत्यु संदेश भी फेसबुक पर आते हैं
लोग भी RIP लिखकर अपना फ़र्ज़ बखूबी निभाते हैं।

रोना, हँसना, नाचना, गाना भी अब ज़रूरी नहीं रहा,
हर मानवीय संवेदनाओं के Emojis भी तो आते हैं।

"देख तेरे संसार की हालत क्या हो गयी भगवान
कितना बदल गया इंसान"

आज लोगों का जीवन कितना artificial हो गया,
जिस अच्छाई और सचाई की कल्पना भी मुश्किल है,
सोशल मीडिया की बड़ी मेहरबानी हुई कि......
लोगों के लिए हमारा झूठ भी real हो गया।

22.

रक्तदान है महादान!
जीवन रक्षा का वरदान!!
सक्षम हैं तो कीजिए रक्तदान!
बचा लीजिए किसी असहाय के प्राण!!
देकर किसी को जीवनदान!
करें हम सब मानव कल्याण!!
न शाहरुख खान न सलमान,
न सनी देओल, न बिग बी महान,
मेरे लिए तो रियल हीरो वो लोग हैं...
जो करते हैं अपने रक्त का दान।
ईश्वर के दिए उपहार का रखते हैं जो मान!
उन रक्तवीरो को कोटि कोटि प्रणाम!!
आप तो अपनी छोटी सी चीज देने से कतराते हैं।
रक्तदाता अपना रक्त देने में भी नहीं घबराते हैं।
जब उनका लहू किसी की रगों में दौड़ता है।
उनका रग रग इस हीरो की जय बोलता है।
सृष्टा, पालक और संहारक ऊपर बैठा देखता है।
किसी को जीवनदान देना हो तो इन रक्तवीरों को भेजता है।

पैसों का लेन देन तो सभी करते हैं बैंक मे
एक बार रक्तदान करने जरूर जाइए ब्लड बैंक में
कम हो सकती है आपकी संपत्ति किसी को देने से
बढ़ जाता है आपका रक्त......किसी को रक्त देने से
रक्तदान को एक अभियान बनाना है।
इस अभियान में अपनी भी पहचान बनाना है ।
रक्तदान करना है और करवाना है ।
रक्तदान कर लोगों की जान बचाना है।
"मौका दीजिए अपने रक्त को किसी की रगों में बहने का
यह लाजवाब तरीका है कई जिस्मों में जिंदा रहने का"

23.

जब अपने पास पैसे होंगे न
तब ये सामान लेंगे
एक दिन हमलोग भी ये चीज लेंगे
अगले महीने जरूर लेंगे
मिडिल क्लास में ऐसा चलता ही रहता है।
दशकों पुरानी इच्छाएं "एक दिन कर लेंगे" में दम तोड़ती रहती हैं।
जब एक महीने की तनख्वाह आधे महीने में ही खत्म हो जाती हैं।
पिछले महीने की कुछ ख्वाहिशें फिर मूंह फेरकर सो जाती हैं।
कभी बहुत जरूरत पड़ने पर गुल्लक टूट जाती है।
जमीन पर कुछ सिक्के बिखर जाती है।
सिक्कों का कद बहुत छोटा है
जरूरतों के अनुपात में
कैसे करें? क्या करें?
यही बात दिल को घेर लेती है।
कमाल ये भी है कि

चेहरे पर मुस्कान भी दिखानी है।
सहते सहते अंदर से कहीं टूट भी रहे हैं....
किसी को ये बात नहीं बतानी है।
सामान की लिस्ट में बार बार काट छांट होती है।
जितना चाहिए, उसके आधे से कम में लिस्ट फाइनल होती है।
मन में एक शांत ज्वालामुखी सा चलता रहता है।
कभी कभी तो बेवजह बेतुकी बात पर किसी से लड़ता है।
बाजार जाने का मन नहीं करता है।
सच यह है कि मन अपने अभावों से डरता है।
लिस्ट से हटकर कुछ पसंद आ गया तो क्या करेंगे??
अपने ही मन से कब तक लड़ेंगे??
"मुझे कुछ चाहिए ही नहीं" कहकर अपनी इच्छाओं को दबाना पड़ता है।
होठों की नकली मुस्कान आंखों की उदासी को सहना पड़ता है।
अगर किसी महीने कोई शादी ब्याह
या त्योहार आ जाता है।
फिर तो मुसीबतों का पहाड़ आ जाता है।
बच्चों को कपड़े भी दिलाना है।
सब परंपराएं, व्यवहार भी निभाना है।
रुकता कुछ भी नहीं, सब हो जाता है।
क्योंकि कहीं से उधार आ जाता है।
और अगले चार छह महीनों के लिए
घर का सारा बजट डगमगाता है।
जो अभावों से गुजरते हैं, बहुत कुछ सीख जाते है।
"हमलोग ये सब पसंद नहीं करते"
"ये सब पैसेवालों के चोंचले हैं"
कहते हुए उनके बहाने दिख जाते हैं।
किसी चीज के न होने को गरीबी का नाम कभी नही देते हैं ।

क्योंकि कुछ न होने के उनके पास बहुत बहाने होते हैं।
"खुद को बेबस महसूस करते हैं"
पर किसी और को महसूस नहीं होने देते हैं।
कभी हारना नहीं जानते।
कभी हार भी नहीं मानते।
ऐसे ही जीवन की हर लड़ाई जीत जाते हैं।
जीवन से मोल भाव करते निकल जाते हैं।

24.

अब मां, पहले वाली मां नहीं रही,

बिल्कुल छोटी बच्ची हो गई है।
बात बात पर नाराज़ होना,
छोटी छोटी बातों में रूठ जाना,
कुछ ना मिलने पर ज़िद,
मन की ना होने पर रोना चिल्लाना,
हमने भी जिया है ऐसा ही बचपना ।
और मां ने सही हैं हमारी सारी ज्यादतियां।
अब हमारी बारी है,
उनकी बचकानी हरकतें झेलना हमारी जिम्मेवारी है।
हो सकता है,
बिस्तर गीला हो,
घर अस्त व्यस्त गंदा हो,
कपड़े बेतरतीब हो,
ना नहाने के बहाने हो।
ये भी हो सकता है कि
इन सब बातों के लिए समझाने पर
कभी झूठ, कभी ताने, कभी उलाहने हो।

याद कीजिए, हमने बचपन में कब अपनी ग़लती मानी है।
उनकी इन बातों को हमें अब एक मां की तरह ही अपनानी है।
हो सकता है, खाना खाकर मां भूल जाती हों,
हमारे हिस्से की रखी एक मिठाई के लिए मां ललचाती हो ।
मोहल्लेभर के लिए मशहूर अन्नपूर्णा आज खाने के लिए लड़ जाती हों।
टीवी की रिमोट अपनी छोटी सी पोती से छुपाती हो।
यहां तक कि कुछ चीजें अपने कमरे मे हमारी आंखें बचाकर चोरी चुपके ले जाती हों ।
यह सबकुछ धैर्यपूर्वक सहना है।
जो कभी उन्होंने भी सहा है।
और कभी उफ्फ नहीं कहा है।
याद कीजिए, आपके स्कूल के बेमतलब की
कहानियां सुनने के लिए मां आटे, हल्दी सने हाथों को धोएं बिना बैठ जाती थी ।
आपकी कहानियों के चक्कर में उनके कामों में, नहाने में, खाने में देर हो जाती थी।
आप भी अपनी व्यस्तता से निकाल कर कुछ समय उन्हें दीजिए।
आप भी उनकी कुछ कहानियां, कुछ यादें सुन लिया कीजिए।
मां का प्यार दिव्य था, दिव्य है।
मां के होने से ही हमारा अस्तित्व है।
सच है, मां आज भी ममता की मूरत है।
पर आज उनको हमारे लाड़ दुलार और प्यार की
हमारे परवाह, देखरेख, आदर सत्कार की
बहुत जरूरत है।

25.

बेटी थी, बेटी हूँ, बेटी ही रहूंगी।

न बेटा थी, न बेटा हूँ
न बेटा बनने की कोशिश करूंगी।
बचपन से सुना है...

"बेटे" अलग होते हैं
मैं "बेटी" होकर भी
"अलग" दिखूंगी...
न मां की सुनूंगी,
न अपनी सास की मैं!
मैं अपनी बेटियों को "बेटी" ही कहूंगी।
बेटों को तो कभी "बेटी" नहीं पुकारते
फिर बेटियों को "बेटा" क्यों पुकारूंगी?
उनका अस्तित्व मैं कभी नहीं छीनूंगी।
मैं अपनी बेटियों को "बेटी" ही कहूंगी।

26.

मैं शराब हूँ!
सच्चाई यह है कि बहुत खराब हूँ!
पर कुछ लोगों के लिए लाजवाब हूँ!
मुझे खुद नहीं पता, मैं क्या हूँ?
सुना है... दर्द ए दिल की दवा हूँ।
दवा हूँ, इसलिए तो कड़वी हूँ
पर ये बात सोचने की है,
मेरी कड़वाहट से दिल की कड़वाहट
मिट जाती है?
या खुद से खुद की छटपटाहट जीत जाती है?
लगी प्रेमिका खराब
पीते हैं शराब
लगी पत्नी खराब
पीते हैं शराब
लगे बच्चे खराब

पीते हैं शराब
लगा बॉस खराब
पीते हैं शराब
दुनिया ही खराब
पीते हैं शराब
मुझे मत पियो और होश में आओ
किसी को गलत कहने के लिए
मुझे जरिया तो मत बनाओ।
कभी होली है कभी दिवाली
कभी शादी,कभी एनिवर्सरी,
कभी bday, कभी कोई सक्सेस पार्टी।
कोई भी पार्टी हो, बन गए मवाली।
हुड़दंग तुम करो और सुनूं मैं गाली।
मैं सदियों से बदनाम हूँ।
फिर भी तो सरे आम हूँ।
खुलकर कहती हूँ....
जानलेवा हूँ
मुझपर मरने वालों की....
मैं तो बेवा हूँ
मुझपर यकीन क्यूँ इतना करता है?
अपनी तौहीन क्यूँ इतना करता है?
मुझसे मोहब्बत तेरी रुसवाई है,
गम नहीं, खुशियों की विदाई है।
गलतफहमी है तुझे,
तु मुझको पीता है।
तेरे पीने से ही,
मेरा वजूद जीता है।

तेरे खून की है बहुत प्यास मुझे।
न होने दूँगी मगर एहसास तुझे।
जब भी तू मेरे करीब आयेगा।
बेशक तू हमेशा लड़खड़ायेगा।
तुझे गिराने को बेताब हूँ..... क्योंकि
मैं शराब हूँ।

प्रेम

1.

सुबह सुबह जब बादल बरसा
राधारानी का मन तरसा
बरस रहे नयन
सोचती राधिके मन ही मन
बूंदे बरस रही या बरस रहा नेह
प्रियतम की स्मृति, विस्मृत हुआ देह
कान्हा ने की थी बरजोरी
चल सावन में भींगे राधिका गोरी
सजल नयन
बोल रही मन ही मन
तुम क्या जानो कान्हा
तुम बिन मैं तो हुई बावरी
एक दूजे के प्रेम की वृष्टि में
भींग गई मैं, भींगे तुम भी
भली लगी जब मुझे बांसुरी
तृप्त हुई मैं, धन्य हो गई
मूल्यांकन उन सुखद पलों का
मानसपटल पर स्पर्शों का
मैं तो न कर पाऊंगी??
कैसे, क्या बतलाऊंगी??
दूर हुए जो मुझसे तुम तो
बंसी का सौभाग्य मिटा है।
मन तो तुम संग डोल रहा है
मुझमें तो बस देह बचा है।

विस्मृत कुछ न कर पाई है।
कैसे कहे, वो हरजाई है??
राधा की हर सांस ने देखो
कान्हा की ही रट लगाई है।
"जितने तुमसे मिले सुखद क्षण
वही मेरे जीवन का सावन"

2.

ठाकुर जी की कृपा से एक लीला मन में आई
एक बार ठाकुर जी ने श्रीजी संग वन भोज की योजना बनाई

किशोरीजी की सारी सखियां
ठाकुरजी के ग्वाल बाल सखा
वन में करेंगे खूब सुख और आनंद
खेलेंगे, कूदेंगे, करेंगे खूब उधम और हुड़दंग
नृत्य संगीत भी होगा संग संग
साथ बजेंगे ढोलक और मृदंग

वन भोज के लिए सामग्री जुटानी होगी
उसके लिए कुछ तिकड़म लगानी होगी
ठाकुरजी घर घर जाते
और हर जगह एक ही बात दोहराते

हमारी गईया और बछड़े वन में जाते है
वहां के चारे से ही जीवन पाते हैं
वन ही हमारी गईयों का जीवन आधार है
हमें वनों के प्रति करना हार्दिक आभार है

हम सब ग्वाल बाल वन में जाएंगे
पेड़ पौधों के प्रति अपनी कृतज्ञता दिखाएंगे
वन के हर वृक्ष वल्लरियों को कुछ चढ़ावा चढ़ाएंगे

छोटे से ठाकुरजी ने खूब दिमाग लगाया
ऐसे झूठ बोल कर वन भोज के लिए पर्याप्त सामग्री जुटाया

नंदगांव से बैलगाड़ी पर ठाकुरजी सखाओं के साथ निकले
बरसाने से किशोरी जी सखियों संग निकली
दोनों बैलगाड़ी जहां से साथ मिल गए
ठाकुर जी तो श्रीजी के साथ बैठने को मचल गए

उन्होंने कुछ ऐसा जादू कर दिया
श्रीजी की बैलगाड़ी का पहिया रुक गया

हांकनेवाले ने तो खूब जोर लगाया
पर बैलगाड़ी को हिला न पाया
फिर ठाकुरजी ने अपना प्रयास दिखाया
ठाकुरजी के हांकने से ही बैलगाड़ी आगे बढ़ पाया

ग्वाल बाल सखा सारे और सारी सखियां समझे उनकी चतुराई
श्रीजी भी सब जान समझ मंद मंद मुसकाई
श्री यमुना जी का किनारा
वन का हरा भरा नजारा
सोहनी कर उस स्थान को बुहारा
बैलगागी से सारी सामग्री को उतारा

सबको काम बताते कन्हाई
श्रीजी के हिस्से कोई काम न आई
किशोरीजी को थोड़ा मान हो आया
लालजी ने उनको समझाया

आपका तो सबसे बड़ा काम है?
कौन क्या कर रहा, इसका रखना ध्यान है
ग्वाल बाल सब लकड़ी चुन लाए
सखियों ने आग सुलगाई
बाल वृंद जल भर लाए
सखियों ने रसोई बनाई
चावल, कढ़ी, सब्जी, खीर
भोजन देख ग्वाल बाल सब हुए अधीर

श्रीजी ने एक भाव बताया
मिथ्या बात को सत्य बनाया
पेड़ पौधों को भोग लगाया
प्रेम से सबने भोजन पाया

अब बनी आमने सामने दो टोली
नृत्य संगीत करते सब हमजोली
सखियां लाई ढोलक मृदंग
सबको मिला अद्भुत आनंद
गीता ज्ञान की जिसने बोली
वो नारायण करे हंसी ठिठोली

सखा रूप में हैं भगवान

ग्वाल बाल इस से अंजान
भगवान भी बन जाते नादान
ग्वाल बाल सब उनके प्राण

3.

फुर्सत के कुछ पल.....
बस कुछ पल मेरे हैं
उजाले ढेर सारे, कुछ अंधेरे हैं
उजाले बेतरतीब यादों के
अंधेरे झूठे, सच्चे, बिखरे वादों के
यादों के बारात में नाचता मन
बिखरे वादो के सौगात में भी नाचता मन
ये सच है, कभी थी जान जिसकी
कहीं और है अब जहान उसकी
नही कोई रही मुझसे पहचान उसकी
मेरे अश्क़ों से थी जिसकी दुश्मनी सी
मेरी मुस्कुराहटों से है अब तनी सी
नहीं कहती कि जाने का उसके गम नहीं है
जिंदा हूँ, ये बात भी कोई कम नहीं है
फुर्सत के कुछ पल निकाले
सोचने को................
क्या यही प्यार है??
तक़दीर है, बेवफ़ाई या फिर मजबूरी है
और भी बहुत कुछ इस प्यार से ज़रूरी है
वादा किया खुद से और पूरी खुदाई से
मिटने न दूँगी खुद को बस एक जुदाई से
मुरझाये फूलों की खुशबू

हमेशा रहेगी मन में
नये फूल भी सुरभित
होते रहेंगे चमन में

4.

मुझे गम इस बात का नहीं
कि तुमने मुझे भुला दिया
गम तो इस बात का है
कि तुम मुझे मिले ही क्यूँ
आँखों में आँसू इसलिए नहीं
कि वो आँसू तुमने दिए
आँसू तो इसलिए हैं
कि तुमने मेरी हँसी छीन ली
तकलीफ़ तुम्हारी खामोशी से नहीं
तकलीफ तो इस बात की है
कि तुम्हारी बातें बहुत याद आती हैं
गीतों के बोल अब अच्छे नहीं लगते
इसलिए नहीं कि गीत बुरे हैं
इसलिए कि उन गीतों में आज भी कुछ एहसास जिंदा हैं
ये दुनिया मुझे अब सच्ची नहीं लगती
इसलिए नहीं कि ये वाकई झूठी है
पर इसलिए कि तुम बहुत सच्चे लगते थे!!!!!

5.

प्रेम असफल हो तो पीड़ा होती है।
पर सफल हो तो अधिक पीड़ा होती है।
असफल प्रेम आशा करता है,

पुनर्जन्म में अधूरा प्रेम पाने का,
चाँद और सितारों के
धरती पर उतर आने का।
सोचता रहता है मन....
वो होता तो करता सारे जतन....
असफल प्रेम की दुनिया में कुछ भी असंभव नहीं
पुरानी यादों के साथ रात बीत जाती है,
हम फिर मिलेंगे, दिन में ये हौसला जीत जाती है।
सबकुछ अपनी आशा के अनुरूप हो जाता है।
प्रेमी ईश्वर का प्रतिरूप बन जाता है।
सफल प्रेम देता है निराशा!
अधूरी रह जाती है प्रेमियों की अभिलाषा।
विवाह पूर्व के मधुर छंद,
बन जाते है कटु द्वंद!!!
आशाएँ, आकांक्षाएँ बहुत शोर करती हैं....
प्रेम की पुरानी बातें भी कमज़ोर करती है
प्रेमी चाँद तारे तोड़ नहीं पाता. ...
यथार्थ के धरातल से स्वप्न के आकाश तक सीढ़ी जोड़ नहीं पाता....
जिस प्रेमी में ईश्वर की छवि नज़र आती थी,
उसकी हर बात में अब कमी नज़र आती है।
असफल प्रेम का दर्द छुप ही नहीं पाता,
सफल प्रेम की चुभन सबसे छुपाई जाती है।

6.

चुंबन..........
बरसों बीत गए
जब तुमने माथे पर

प्यार से एक चुंबन लिया था
पर आज भी जब होती हूँ
सिर्फ अपने साथ
माथे पर अचानक चला जाता है हाथ
देखने को अपना वो अमित स्मृति चिन्ह्
दृश्य सुहाग बिंदी के पीछे
अदृश्य सा वो तुम्हारा स्पर्श
भूलता नहीं....

जीवन की दौड़ में यूँ तो
मिले बहुत सांत्वना पुरस्कार
पर उतरता नहीं
उस प्रथम पुरस्कार का खुमार
थोड़ी सी मुस्कान के साथ
देती जो अश्रुओं की अनवरत धार
सूर्य सी प्रदीप्त लाल बिन्दी के पीछे
भूली बीसरी यादों के बादल में छिपा
तुम्हारे अधरों का चाँदनी सा शीतल प्यार
जबकि किसी वादे इरादे से
बंधा नहीं था वो पवित्र चुंबन
पर कुछ तो अलौकिक था जिसने
उस एक पल में बांध लिया
सारा जीवन!!!!!!!!!!

7.

"मेरी खुशियों की विरासत"

समझना मुश्किल है अबतक

अदभुत, अविस्मरणीय
वो सपना था
या फिर वो ही कुछ पल अपना था
रात का तीसरा पहर था
होने को सहर था
सिरहाने एक आहट सी आई थी
उनींदी सी मेरी निगाहें तुमसे टकराई थीं
तुम?
कैसे हो सकता है?
जबकि हम दोनों जानते हैं
ये नामुमकिन है
पर तुम्हारी वो नजर
उसमें वो सब था
तुम्हारी उदासी, तुम्हारी मायूसी
तुम्हारा वो बेबस इनकार
जो तुम हमेशा से करते आए हो।
पर उन सबसे परे था
तुम्हारी आंखों का अनहद प्यार
मेरे माथे पर तुम्हारे हाथों का स्पर्श
अब क्या शिकायत करूं तुमसे
सारे जवाब थे तुम्हारी भीगी पलकों पर
जैसे लब नहीं कह पाए
आंखों से भी नही बह पाए
कितने प्यार से थामा था मेरा हाथ
मेरी तमाम जिंदगी वही है
जिन पलों में तुम थे मेरे साथ
वो कुछ पल ऊपरवाले की इनायत के थे,

मेरे लिए वो पल कई जन्मों के लिए विरासत के थे।
मेरी खुशियों की विरासत............

8.

हम मिले, फिर बंधे......
बंधन विवाह का......
पर पूर्ण स्वतंत्रता के साथ,
जीवन के निर्वाह का।
हम लड़े भी, फिर जुड़े भी
पश्चताप गलतियों का......
एक दूसरे पर उठी उंगलियों का...
जुड़ाव मातृत्व के एहसास का....
पितृत्व के प्यास का।
हम खूब हँसे भी, रोये भी......
खुशी अतीत की यादों का....
परस्पर विश्वास के वादों का।
और रुदन....
दुःख में पड़ जाने का....
एक दूसरे के दुःख को कम न कर पाने का।
हम सुने भी, फिर सहे भी....
आशीर्वाद अपनों से देवदूतों का...
प्रेम गीत अपने ही कुछ हितों का....
चुभन दर्पन के टूट जाने का....
प्रेम से रिक्त रिश्तों के नज़र आने का।
हम उलझे भी, फिर संभले भी....
उलझन लोगों की तानों का....
अपनों में छुपे बेगानों का....

संबल ऊपरवाले की शक्ति का....
न टूटनेवाली भक्ति का।
हम डरे भी, फिर डटे भी....
डर पल पल ढलती उम्र का....
जीवन की आपाधापी के जिक्र का....
पर विश्वास भगवान की कृपा का
क्षण क्षण उसकी करुणा और दया का

9.

कैसा ये प्यार है?
वो आते नहीं,
मिलते भी नहीं,
दिखते नहीं,
बोलते भी नहीं....
फिर भी तड़प बेकरार है.........
हर पल उनका इंतज़ार है........
कैसा ये प्यार है?

झलक की आस नहीं,
होठों की प्यास नहीं,
स्पर्श का एहसास नहीं,
ख़ुशबू भी तो पास नहीं,
फिर भी तड़प बेकरार है.........
हर पल उनका इंतज़ार है........
कैसा ये प्यार है?

याद आना उनका भाता नहीं,

सपने सजाना भी सुहाता नहीं,
पल पल यूँ तो कोई सताता नहीं,
दिल का दर्द कम हो पाता नहीं,
फ़िर भी तड़प बेकरार है........
हर पल उनका इंतज़ार है.......
कैसा ये प्यार है???

10.

उसने कहा था...
जब हम पहली बार मिले।
उसने कहा था...
जब दूसरी बार हम मिले।
उसने कहा था...
जब कुछ दिनों बाद फिर हम मिले।
उसने कहा था...
जब जब हम मिले।
"मैं हमेशा तुम्हारे साथ हूं। "
जब भी तुम खुद को अकेली पाओगी,
जब कभी तुम कमजोर पड़ जाओगी,
जब कभी निराशा तुम्हें घेर लेगा,
जब तुम्हारा हौसला कोई तोड़ देगा,
बस इतना याद रखना...
"मैं हूँ न"...उसने कहा था।
निभाया उसने तब भी
जब उसके लिए आसान था,
किसी का भी साथ देना।
और निभाता गया तब भी

जब उसके लिए बहुत मुश्किल था
मेरे लिए मेरे साथ होना
मेरा साथ देना।
मुनासिब हालात में साथ निभाना आसान है।
लेकिन अच्छे सच्चे साथी की पहचान है,
जो तुम्हारी राहें गुलिस्ताँ कर दे
जबकि खुद का बियाबान है।

हास्य व्यंग्य

1.

"बाकी सब फर्स्ट क्लास है "

कुछ मुश्किलें, कुछ उलझनें, कुछ परेशानियाँ हैं,
बाकी सब फर्स्ट क्लास है।
थोड़े दुःख, थोड़ी तकलीफ, थोड़ी बेचैनियाँ हैं,
बाकी सब फर्स्ट क्लास है।
अपनों से थोड़ी बैर है,
गैर तो खैर गैर है,
बाकी सब फर्स्ट क्लास है।
वक़्त ने किये सितम, दिये जखम
एक तरफ जिम्मेदारियाँ, एक तरफ चंचल मन,
बाकी सब फर्स्ट क्लास है।
कभी मन भक्ति में लीन है, कभी शैतानियाँ हैं,
कभी जुबां रुकती नहीं, कभी सिर्फ ख़ामोशियाँ हैं,
बाकी सब फर्स्ट क्लास है।
घर की अलमारी और बैंक अकाउंट खाली है,
कुछ लेनदार दे रहे गाली हैं,
बाकी सब फर्स्ट क्लास है।
आईना देखा तो जवानी नदारद है,
बुढापा तो आया नहीं, ये किसकी सूरत है,
बाकी सब फर्स्ट क्लास है।
साँसें चल रही हैं, मैं अभी जिंदा हूँ,
जिंदगी रुकी सी है, मैं तो शर्मिंदा हूँ,
बाकी सब फर्स्ट क्लास है।
दिल को एक तसल्ली दे डाली है,

हौसलों के तरकश में तीर है, नहीं खाली है,
अब तो सब फर्स्ट ही फर्स्ट क्लास है।

2

शीर्षकः अप्रैल फूल

उस दिन मैं अत्यधिक खुशी से चूर हो गई।
वर्षों की शिकायत पल में दूर हो गई।
पतिदेव ने ऑफिस से फोन किया,
वर्ल्ड टूर पर जाने की अप्रत्याशित खबर से...
कुछ देर के लिए मुझे मौन किया।
बॉस की तरफ से मिला इनाम था
पतिदेव के बॉस को मेरा शत शत प्रणाम था।
मन में लड्डू फूट गया।
मोबाइल भी मेरे हाथों से छूट गया।
टाइम कम, समस्या विकट था।
एक अप्रैल का टिकट था।
सबसे पहले मैंने वो काम किया,
जो निहायत जरूरी है।
यह खबर उसे बताई,
जो सारे रिश्तेदारों का खबरी है।
यह बात जंगल के आग की तरह फैली।
कुछ लोगों ने तो हृदयाघात भी झेली।
हर पांच मिनट पर कॉल आ रही थी।
विश्व भ्रमण की बधाई दी जा रही थी।
वॉयस कॉल में चेहरे नहीं दिख रहे थे।
पर आवाज से ही ईर्ष्या के धुंए उठ रहे थे।
दो दिनों में सारी तैयारियां कर ली।

अनगिनत ख्वाहिशें भी मन में भर ली।
31 मार्च की रात मैं सो नहीं पाई थी।
भ्रमण से पहले सारी दुनिया घूम आई थी।
एक अप्रैल की सुबह सुबह बॉस का कॉल आ गया।
उसने पतिदेव से जो कहा, मेरे आंखों के आगे अंधेरा छा गया।
बॉस उवाच.........!!
जीवित सास को मारकर आपने बीसियों बार छुट्टी ली है,
वो आपके जीवन की एक बड़ी भूल है।
अब अपनी पत्नी का सामना करने को तैयार हो जाएं,
वर्ल्ड टूर का यह इनाम "April Fool" है।

3.

2050 में होली

यूं तो भारत में मनाए जाते है अनगिनत त्योहार,
पर उन सारे त्योहारों में होली को मेरा विशेष जोहार।
क्योंकि......
होली हमारी संस्कृति का अहम हिस्सा है।
देवी देवताओं और पूर्वजों से जुड़ा किस्सा है।
होली सिर्फ त्योहार नहीं,
ऐतिहासिक एवं पौराणिक धरोहर है।
अपनी सांस्कृतिक विरासत को जीवंत करता,
होली बड़ा ही मनोहर है।
होली रंगों का त्योहार है....
होली आमोद प्रमोद का व्यवहार है।
बुराई पर अच्छाई,
असत्य पर सत्य की विजय का,
घृणा पर प्रेम,

शत्रुता पर मित्रता के स्थापत्य का,
अनूठा आयोजन कर पाता है होली।
पुराने गिले शिकवे भुलाकर,
एक दूसरे के रंग में रंग जाने का,
दिव्य स्वप्न पूरा कर जाता है होली।
हर्षोल्लास एवं आपसी सौहार्द्र का,
अलौकिक दृश्य हर तरफ है।
सच तो यह है कि......!!
होली "मन को मांजने" का दुर्लभ अवसर है।
होली के रंग में,
और प्रभु के दर्शन में ही तो सब एकाकार है।
"ये सारी बातें तो हमसब बचपन से देखते आ रहे हैं"
किंतु कल रात जो देखा सपने में।
ईश्वर करे, सच न हो कभी अपने में
कैलेंडर था दो हजार पचास (२०५०) का,
और मैं थी पचासी की,
सोशल मीडिया पर होली मनाई जा रही है।
फेसबुक, व्हाट्सएप, इंस्टाग्राम और ट्विटर पर
रंग बिरंगी शुभकामनाएं धड़ल्ले से आ रही हैं।
बधाई के साथ पुए पकवान भी हैं,
मोबाइल में ही मिठाइयों की पूरी दुकान भी है।
मेरी पांच साल की पोती मेरे साथ है।
बधाईयों से भरी मोबाइल उसके हाथ है।
बड़ी मासूमियत से भरा सवाल है....
"दादी! ये कौन सा फेस्टिवल है????
हमने तो कभी मनाया नहीं!
मम्मा ने कभी बताया नहीं!

पापा ने भी तो रंग गुलाल दिलाया नहीं!
कभी किसी ने मुझे,
कभी मैने किसी को,
रंग गुलाल लगाया नहीं
देखा है मैने पुराने पिक्स में
आप सबको रेड, येलो, ग्रीन, पिंक में
कितना मस्त गेट टुगेदर होता था
म्यूजिक, डांस और बहुत सारा लाफ्टर होता था
मालपुआ कितना यम्मी दिखता है,
दही बड़े खाने को भी जी करता है,
गुझिया देखकर मन ललचता है।
मैने तो ये फूड कभी खाए नहीं।
मम्मा ने भी कभी बनाए नहीं।
स्विगी एंड जोमेटो वाले क्या होली मनाते हैं?
ऑनलाइन ऑर्डर करने पर ये फूड भी मंगाते हैं?
यू नो दादी!!!!
कहते हैं मेरे फ्रेंड्स,
बताते है उनके पेरेंट्स,
गंदे है होली के सारे ट्रेंड्स।
बहुत चीप होती थी ना होली??
हेल्थ एंड हाइजीन का रिस्क ले आती थी लोगों की टोली।
होली के बहाने रिलेटिव्स एंड फ्रेंड्स कभी भी घर आ जाते थे।
कॉल या मैसेज करने की फॉर्मेलिटी भी नहीं निभाते थे।
बिना पूछे रंग और गुलाल लगाते थे।
कपड़े और घर सारा गंदा कर जाते थे।
एक दूसरे को पुए पकवान खिलाकर गले लगाते थे।
कितना इंसल्ट किया था पास्ट में एक दूसरे का

होली में सब अपना सेल्फ रिस्पेक्ट भी भूल जाते थे।
सपने में ही मैं डर गई थी।
अपना त्योहार ऐसे विलुप्त हो जायेगा,
इस दुःख व क्षोभ से भर गई थी।
"हम सबके लिए होली का यह संकल्प जरूरी हो
रंगों की सांस्कृतिक परंपरा से कभी न हमारी दूरी हो"

4.

आम या खास

कभी यूं ही कोई छोटी सी बात हो जाती है।
फिर तो एक कवि हृदय की एक अनोखे विषय से मुलाकात हो जाती है।
होती है कागज पर शब्दों की बरसात।
कलमरूपी मयूर का नृत्य दे जाता है साथ।
आज करती हूं बात उस आम की जो है बहुत खास। ।
बचपन से पचपन तक बहुत सी पसंद बदली।
पर आम कल भी खास था, आज भी खास में गिना जाता है।
जब कोई आम के लिए नापसंदगी बताता है,
सच कहूं तो मेरा मन सोच में पड़ जाता है।
आम जो फलों का राजा कहलाता है,
राजा सरीखे लोगों को भी चोर बनाता है।
मेरे घर की चहारदीवारी के अंदर बगान है
बगान में केला, अनार, अमरूद और आम है।
जून की गर्मी पूरे दम खम से अड़ी थी।
तभी वर्षा रानी भी जोर शोर से बरस पड़ी थी।
हवा के तेज झोंके से पेड़ों से आम गिरते जाते हैं।
एक अदद आम के लिए हर उम्र के लोग बहुत सवेरे से मेरे बगान का चक्कर लगाते हैं।
जो पहले आएगा, वो पहले पाएगा

इसी क्रम में कोई पाता है, कोई खाली हाथ जाता है।
घर के बुजुर्ग स्वामी आम चुनने की प्रक्रिया में पिछड़ गए।
फिर तो क्रोध से बिफर गए।
भले ही उनके हाथ खाली हैं।
पर उनके मुंह पर हर छंद में गाली है।
एक एक प्रतियोगी का नाम लेते जाते हैं।
उनकी खानदानी रईसी का ब्यौरा देते जाते हैं।
उनकी क्रोधपूर्ण बातों का सार यही है कि
इन लोगों को पैसे की क्या कमी है??
फिर मेरे पेड़ के आम चुराना कहां तक सही है??
मुझे बहुत जोर से हंसी आई।
पर मैंने हंसी दबाई और मन ही मन मुसकाई।
जीवन का गहरा अर्थ समझ में आया
लखपति हो या करोड़पति,
पैसे से क्या कोई अपना बीता हुआ बचपन खरीद पाया??
पेड़ से गिरे आम को चुनने का जो आनंद है।
वो कहां किसी उम्र, पद या प्रतिष्ठा की पाबंद है।
महंगे से महंगे प्रजाति के आम का स्वाद भले बेजोड़ है
पर उस अमृततुल्य आम के स्वाद के क्या ही कहने?
जिसके साथ आप पर यह आरोप हो कि यह आमचोर है।

पर्यावरण

1.

हाय हाय गर्मी!
उफ्फ उफ्फ गर्मी!!
आज हम गर्मी से हम हो रहे हैं अत्यधिक परेशान,
दिन ब दिन पृथ्वी का बढ़ रहा है तापमान।
भारत के तीन मुख्य ऋतुओं में एक है गर्मी।
पर पहले नही थी गर्मी में ये बेरहमी।
गर्मी का भी अपना ही मजा था।
खुले आसमान के नीचे खटिया बिछता था।
अब तो गर्मियों में कमरे के खिड़की दरवाजे भी बंद होते हैं ।
हर घर में एसी ठंडी का मजा देते हैं।
आम, लीची, जामुन बाजार से मोल नहीं आते थे।
इनके पेड़ हर घर की शोभा बढ़ाते थे।
आम, लीची, जामुन, तरबूज जैसे फल ग्रीष्म ऋतु की पहचान थे।
कोल्ड ड्रिंक्स का चलन नहीं था,
प्यास बुझाने के लिए लस्सी, छाछ और देशी शरबत ही हमारी जान थे।
प्रकृति का संतुलन हमने बिगाड़ा है।
प्रकृति ने भी क्या खूब तमाचा जड़ा है।
जंगल के जंगल जो काटे जा रहे हैं ।
वातावरण में पर्यावरणीय असंतुलन बढ़ा रहे हैं।
पैदल चलना लोग भूलते जा रहे हैं ।
वाहनों का अत्यधिक उपयोग वातावरण में कार्बन डाइऑक्साइड को बढ़ा रहे हैं।
एसी घर, एसी गाड़ी, एसी मॉल, सब एसी होना है।
फिर जलवायु परिवर्तन पर क्या रोना है??
एसी और फ्रिज के अत्यधिक उपयोग से सीएफसी बढ़ता जा रहा है ।

परिणाम ये है कि ओजोन का स्तर गिरता जा रहा है।
औद्योगिकीकरण पर मानव सभ्यता को बहुत अभिमान है।
यही तो वजह है कि धरती का बढ़ता जा रहा तापमान है।
जनसंख्या नियंत्रण का कोई समाधान नहीं है ।
ग्लोबल वार्मिंग की इस मुख्य कारण का लोगों को भान नहीं है।
कहीं सूखा, कहीं बाढ़, कही गर्म लहरें और जंगल की आग,
पिघलता जा रहा है ग्लेशियर तो कहीं भयानक तूफान।
कभी बरसात नदारद, कभी अत्यधिक बरसात।
अब तो रुको, सोचो, समझो मानव जात!
कोई और पहल करेगा तो हम भी करेंगे
बिलकुल मत सोचो ऐसी बात
वृक्षारोपण से करो अब हर शुभ कार्य की शुरुआत।
स्वयं से ही वादा निभाना है।
अपना जन्मदिन मनाना है।
पर मोमबत्ती नहीं बुझाना है।
जितनी मोमबत्तियां बुझते हो, बस उतने ही पेड़ लगाना है।